Wissen ist stark

WALE UND DELFINE

Text von
Mark Carwardine

Illustrationen von
Martin Camm

A DORLING KINDERSLEY BOOK

Ein Dorling Kindersley Buch
www.dk.com

Text: Mark Carwardine
Illustrationen: Martin Camm
Fachlektorat: Dr. Peter Evans

Genehmigte Lizenzausgabe für paletti,
ein Imprint der Verlag Karl Müller GmbH,
Köln 2003

Aus dem Englischen von Andrea Mertiny

Umschlaggestaltung: Eckbert Strakeljahn

Printed in Slovakia

ISBN: 3-89893-501-9

INHALT

WAS IST EIN WAL?

Wale ähneln Fischen, sind aber eher mit dem Menschen verwandt. Wie wir auch sind sie Säugetiere, d. h. sie sind gleichwarm, atmen Luft und legen keine Eier, sondern gebären lebende Junge. Der größte Unterschied ist, daß wir an Land leben und sie im Wasser. Wale sind dem Wasser perfekt angepaßt. Ihre Hinterbeine haben sie verloren, die vorderen haben sich zu Flippern umgewandelt. So können sie niemals an Land kommen.

Es gibt zahlreiche Walarten, bis heute sind 78 beschrieben worden. Sie alle gehören zu einer Gruppe, die die Wissenschaftler als „Cetaceen" oder „Walartige" bezeichnen, die meisten anderen Menschen aber einfach als Wale und Delphine. Man findet bei ihnen zahlreiche Körperformen und Farben, alle zeigen Unterschiede in Verhalten und Lebensweise. Schon alleine in der Größe variieren sie vom kaum mehr als 1 m langen Delphin bis zum mehr als 30 m langen Blauwal.

Wal oder Fisch?
Auf den ersten Blick sieht ein Wal tatsächlich wie ein Fisch aus – besonders, wenn man ihn mit einem so großen Fisch wie dem Walhai vergleicht. Beide Tiere haben eine bemerkenswert ähnliche Körperform und tragen auf dem Rücken, an Brust und Schwanz große Flossen. Die Ähnlichkeit ist so verblüffend, daß Wale lange für Fische gehalten wurden. Aber wenn man genauer hinsieht, kann man etliche wichtige Unterschiede erkennen.

Fettig!
Im Gegensatz zu anderen Säugetieren haben Wale kein dickes Fell, das sie warm hält, es würde sie beim Schwimmen auch nur abbremsen. Statt dessen besitzen sie eine dicke Schicht aus Blubber oder, einfacher gesagt, fetthaltigem, speckähnlichem Gewebe. Bei Walen, die in kalten Gewässern leben, kann diese Schicht mehr als 50 cm dick sein.

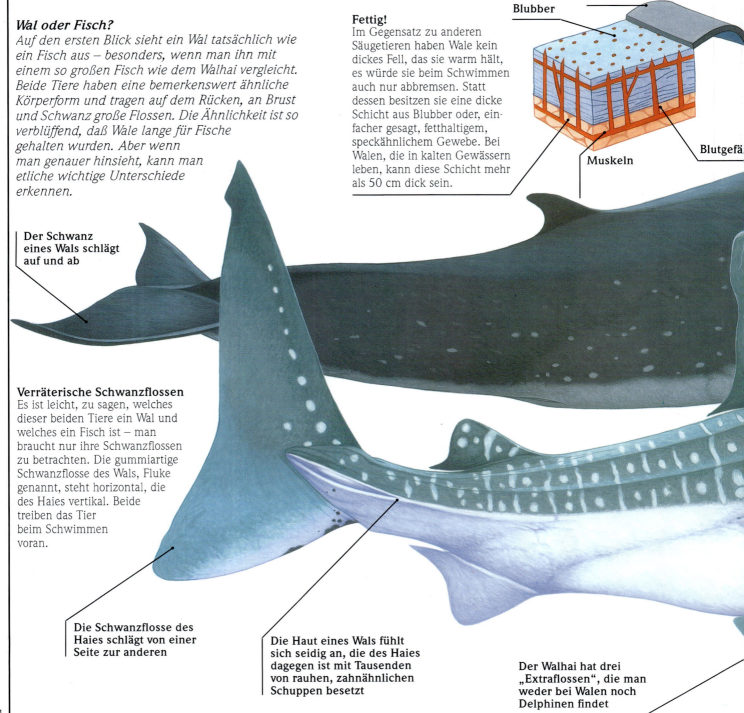

Haut

Blubber

Muskeln

Blutgefä

Der Schwanz eines Wals schlägt auf und ab

Verräterische Schwanzflossen
Es ist leicht, zu sagen, welches dieser beiden Tiere ein Wal und welches ein Fisch ist – man braucht nur ihre Schwanzflossen zu betrachten. Die gummiartige Schwanzflosse des Wals, Fluke genannt, steht horizontal, die des Haies vertikal. Beide treiben das Tier beim Schwimmen voran.

Die Schwanzflosse des Haies schlägt von einer Seite zur anderen

Die Haut eines Wals fühlt sich seidig an, die des Haies dagegen ist mit Tausenden von rauhen, zahnähnlichen Schuppen besetzt

Der Walhai hat drei „Extraflossen", die man weder bei Walen noch Delphinen findet

4

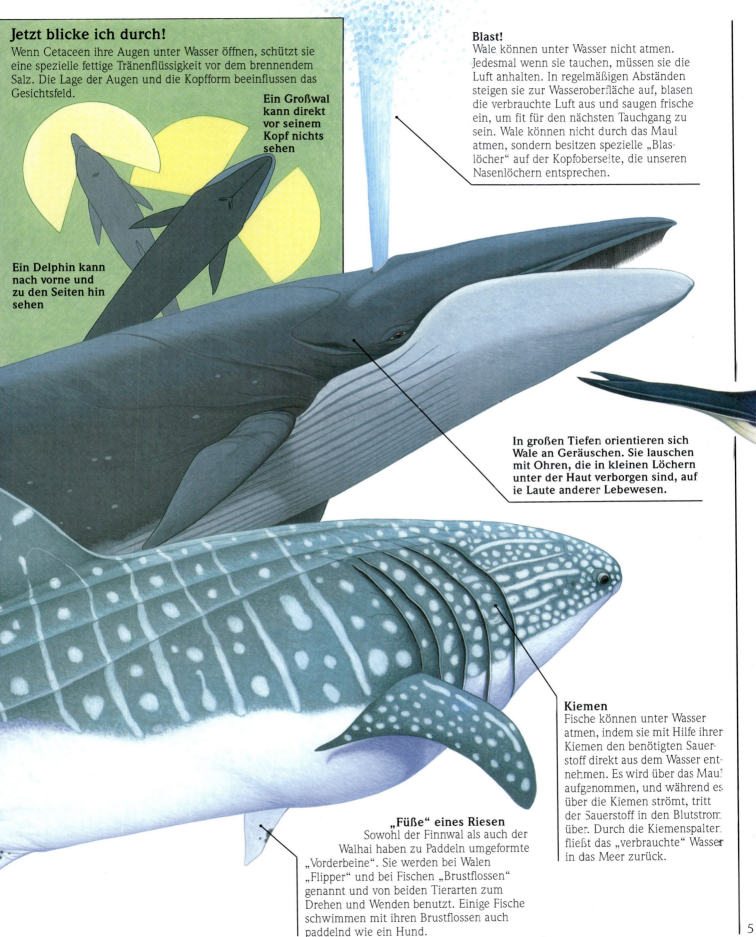

Jetzt blicke ich durch!

Wenn Cetaceen ihre Augen unter Wasser öffnen, schützt sie eine spezielle fettige Tränenflüssigkeit vor dem brennendem Salz. Die Lage der Augen und die Kopfform beeinflussen das Gesichtsfeld.

Ein Großwal kann direkt vor seinem Kopf nichts sehen

Ein Delphin kann nach vorne und zu den Seiten hin sehen

Blast!

Wale können unter Wasser nicht atmen. Jedesmal wenn sie tauchen, müssen sie die Luft anhalten. In regelmäßigen Abständen steigen sie zur Wasseroberfläche auf, blasen die verbrauchte Luft aus und saugen frische ein, um fit für den nächsten Tauchgang zu sein. Wale können nicht durch das Maul atmen, sondern besitzen spezielle „Blaslöcher" auf der Kopfoberseite, die unseren Nasenlöchern entsprechen.

In großen Tiefen orientieren sich Wale an Geräuschen. Sie lauschen mit Ohren, die in kleinen Löchern unter der Haut verborgen sind, auf ie Laute anderer Lebewesen.

Kiemen

Fische können unter Wasser atmen, indem sie mit Hilfe ihrer Kiemen den benötigten Sauerstoff direkt aus dem Wasser entnehmen. Es wird über das Maul aufgenommen, und während es über die Kiemen strömt, tritt der Sauerstoff in den Blutstrom über. Durch die Kiemenspalten fließt das „verbrauchte" Wasser in das Meer zurück.

„Füße" eines Riesen

Sowohl der Finnwal als auch der Walhai haben zu Paddeln umgeformte „Vorderbeine". Sie werden bei Walen „Flipper" und bei Fischen „Brustflossen" genannt und von beiden Tierarten zum Drehen und Wenden benutzt. Einige Fische schwimmen mit ihren Brustflossen auch paddelnd wie ein Hund.

Was bedeutet der Name?

In der deutschen Sprache bezeichnet man einige Walartige einfach als Wale, andere als Delphine und wieder andere als Schweinswale. Cetaceen sind sie alle, man benennt sie nur je nach Größe unterschiedlich. Aber die Unterscheidung ist nicht immer so leicht, wie es auf den ersten Blick scheint. Einige „Wale" sind kleiner als die größten „Delphine" und einige „Delphine" sind kleiner als die größten „Schweinswale". Bei so zahlreichen Überschneidungen ist es kein Wunder, daß sich selbst Experten mitunter nur sehr unklar über die Unterschiede zwischen den Gruppen äußern.

Wal oder Delphin?

Grundsätzlich kann man sagen, daß Arten, die länger als 4 m sind, als „Wale" bezeichnet werden, kleinere als „Delphine" oder „Schweinswale". Es gibt aber viele Ausnahmen, und oft tragen auch noch die Namen zur Verwirrung bei. Manche Arten, die im Namen den Zusatz „Wal" tragen, sind in Wahrheit Delphine, wie z. B. Schwertwal und Grindwal.

Der Zwergglattwal wird nie länger als 6,4 m

Dieser Schwertwal hält ein Nickerchen. Wale schlafen nicht wie wir, statt dessen dösen sie an der Meeresoberfläche oder nicken einen Augenblick ein, während sie schwimmen

Der Schwertwal ist ein Delphin, obwohl er bis zu 10 m lang werden kann

Zu Hause

Wale, Delphine und Schweinswale leben in den warmen Gewässern am Äquator, in den eiskalten Gewässern rund um die Pole, in schlammigen Flüssen Tausende von Kilometern im Landesinneren und sogar in großen Tiefen in den Weiten der Weltmeere.

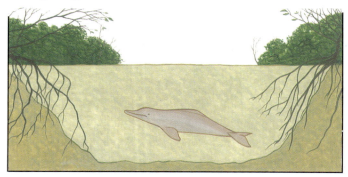

Flüsse und Flußmündungen

Einige Delphine verbringen ihr ganzes Leben oder zumindest einen Teil davon im Süßwasser. Amazonasdelphine leben ausschließlich in den überfluteten Wäldern der Flußsysteme des Amazonas und Orinoko.

Küstengewässer

Der Heavisides-Delphin, der vor Südwestafrika lebt, wird nie weit vom Land entfernt angetroffen. Wie viele Mitglieder der Familie bleibt er lieber in Ufernähe, wo er von Tintenfischen und bodenlebenden Fischen lebt.

Der Chile-Delphin wird nur 1,2 m lang und ist damit kleiner als die meisten Schweinswale

Der Dalls-Schweinswal kann eine Länge von 2,2 m erreichen und ist von gedrungenem Wuchs

Delphin oder Schweinswal?
In Deutschland bezeichnen die meisten Menschen jeden kleinen Wal als Delphin. Manche von ihnen sind aber genaugenommen Schweinswale, von denen es 6 Arten gibt (Seiten 42–43). Alle gehören zu derselben Familie und haben eine kleine, dreieckige Rückenfinne (die auch gänzlich fehlen kann) und keine abgesetzte Schnauze.

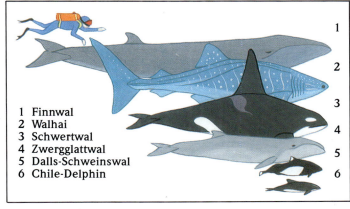

1 Finnwal
2 Walhai
3 Schwertwal
4 Zwergglattwal
5 Dalls-Schweinswal
6 Chile-Delphin

Wie ein Delphin schwimmt
Ein Delphin schwimmt mit Hilfe kräftiger Muskeln im hinteren Drittel seines Körpers. Mit gleichmäßigen, genau bemessenen Bewegungen schwingt er seine horizontale Schwanzflosse auf und ab. So treibt ihn die Fluke durch das Wasser.

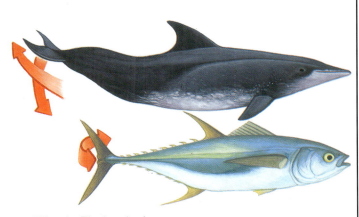

Wie ein Fisch schwimmt
Ein Fisch schwimmt, indem er sich wie eine Schlange seitlich schlängelt. Die Bewegungen laufen den Körper entlang, bis sie den Schwanz erreichen, der daraufhin hin und her schwingt.

Hochsee
Entenwale oder Döglinge sind Tieftaucher und leben selten in Gewässern, die eine geringere Tiefe als 200 m haben. Auch Atlantische Weißseitendelphine leben gerne im offenen Meer, oft viele Kilometer vor der nächsten Küste.

Polarmeere
Zahlreiche Wale und Delphine leben unter eisigen Bedingungen. Narwale kommen in den polaren Gewässern der hohen Arktis vor und wurden auch schon recht nahe dem Nordpol angetroffen. Man findet sie fast nie weit vom Packeis.

WALEN AUF DER SPUR

Viele Jahre lang kamen alle Informationen, die wir über Wale und Delphine hatten, von angespülten, toten Tieren oder von denen, die Walfänger oder Fischer erbeutet hatten. Man untersuchte auch einige lebende Delphine in Gefangenschaft, aber es dauerte lange, bis Wissenschaftler etwas über das wirkliche Leben ihrer wilden Verwandten erfuhren, die in den Tiefen der Meere umherstreifen. Genaugenommen haben wir in den letzten 20 Jahren mehr über sie erfahren, als in all der Zeit davor.

Schwertwale vor der Westküste Kanadas, Südkaper vor Argentinien und die berühmten Großen Tümmler vor Westaustralien sind nur einige der Populationen, die im Detail untersucht worden sind. Um an neue Informationen zu gelangen, wurden einige bemerkenswerte Techniken entwickelt. An den Finnen befestigte Instrumente messen, wie tief Wale tauchen, wasserdichte Mikrophone fangen ihr Geplauder unter Wasser auf, und, mit am erstaunlichsten, Satelliten können ihre Wanderungen verfolgen.

Wer bist du?

Mitunter ist es möglich, einzelne Wale oder Delphine anhand ihrer Narben oder anderer Markierungen als Individuen zu erkennen. Das ist wichtig, weil es Wissenschaftlern ermöglicht, mehr über ihr tägliches Leben zu erfahren. Sie können ein einzelnes Tier studieren, um herauszufinden, wie oft es atmet, wie weit es wandert, mit wem es zusammenlebt, und, letztendlich, wann es stirbt. Die Wissenschaftler verhalten sich wie Detektive, die eine Lebensgeschichte enträtseln.

Namensschilder

Bei einigen Arten ist es nahezu unmöglich, die Tiere mit Hilfe natürlicher Merkmale auseinanderzuhalten. Sie scheinen alle gleich auszusehen, daher muß man ihnen spezielle Namenschilder oder Marken verpassen. Über die Jahre wurden viele verschiedene Formen der Markierung verwendet, wie z. B. Spaghetti-Markierungen und Scheiben, wie an diesen beiden Kurzschnauzen-Spinnerdelphinen. Der dritte trägt auf seiner Finne eine eingebrannte Nummer.

Scheiben-markierung

Spaghetti-Markierung

Wo bist du?

Die Wissenschaftler in diesem Boot können die Dunklen Delphine unter sich nicht sehen – aber sie wissen, daß sie da sind. Sie haben ein Unterwassermikrophon, auch Hydrophon genannt, herabgelassen. Mit diesem Gerät lauschen sie auf die verräterischen Laute der Delphine, die miteinander „reden".

Dunkle Delphine sind sehr neugierig und mutig

Was machst du?

Einige Markierungen kann man auch aus großer Entfernung erkennen, so daß Wissenschaftler die speziellen Delphine, die sie untersuchen, mit Hilfe von Ferngläsern beobachten können. Andere liefern erst dann nützliche Informationen, wenn das Tier tot ist.

Brandzeichen

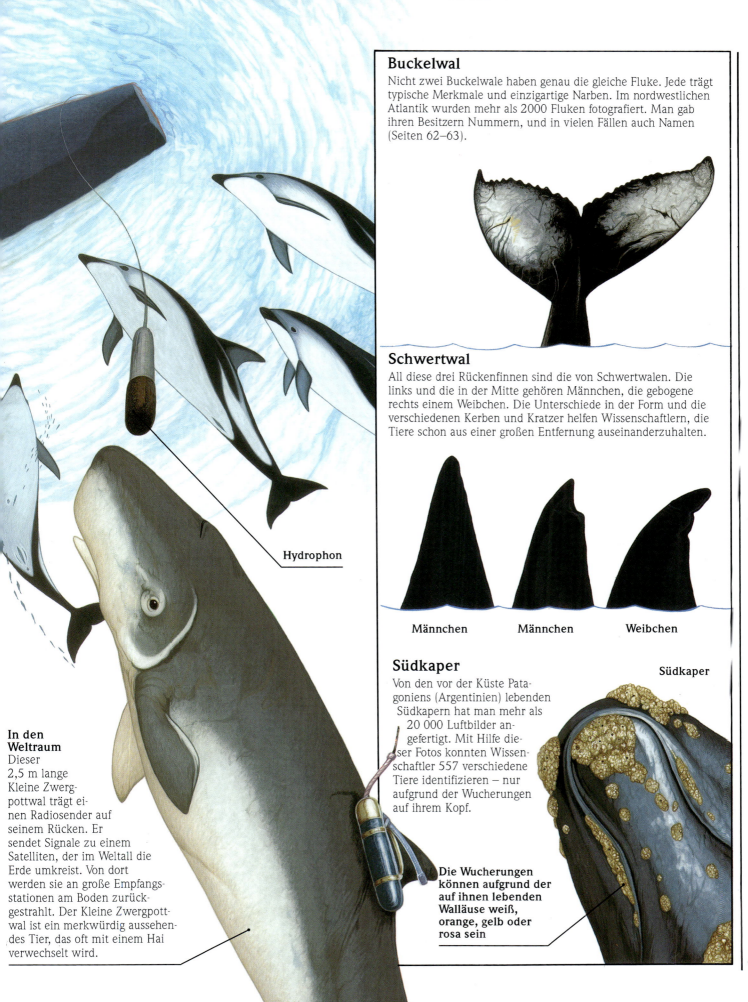

Buckelwal

Nicht zwei Buckelwale haben genau die gleiche Fluke. Jede trägt typische Merkmale und einzigartige Narben. Im nordwestlichen Atlantik wurden mehr als 2000 Fluken fotografiert. Man gab ihren Besitzern Nummern, und in vielen Fällen auch Namen (Seiten 62–63).

Schwertwal

All diese drei Rückenfinnen sind die von Schwertwalen. Die links und die in der Mitte gehören Männchen, die gebogene rechts einem Weibchen. Die Unterschiede in der Form und die verschiedenen Kerben und Kratzer helfen Wissenschaftlern, die Tiere schon aus einer großen Entfernung auseinanderzuhalten.

Männchen   Männchen   Weibchen

Hydrophon

Südkaper

Von den vor der Küste Patagoniens (Argentinien) lebenden Südkapern hat man mehr als 20 000 Luftbilder angefertigt. Mit Hilfe dieser Fotos konnten Wissenschaftler 557 verschiedene Tiere identifizieren – nur aufgrund der Wucherungen auf ihrem Kopf.

Südkaper

Die Wucherungen können aufgrund der auf ihnen lebenden Walläuse weiß, orange, gelb oder rosa sein

In den Weltraum
Dieser 2,5 m lange Kleine Zwergpottwal trägt einen Radiosender auf seinem Rücken. Er sendet Signale zu einem Satelliten, der im Weltall die Erde umkreist. Von dort werden sie an große Empfangsstationen am Boden zurückgestrahlt. Der Kleine Zwergpottwal ist ein merkwürdig aussehendes Tier, das oft mit einem Hai verwechselt wird.

VON INNEN UND AUSSEN

Vor Millionen von Jahren jagte ein eigenartig aussehendes, wolfsähnliches Tier vom Strand aus Fische. Es trug ein Fell und, anstelle von Krallen, kleine Hufe. Manchmal versuchte es wie ein Hund zu schwimmen. Im Laufe der Zeit verbrachte es mehr und mehr Zeit im Wasser und immer weniger an Land.

Keiner weiß es genau, aber dies Wesen könnte ein früher Vorfahr der Wale und Delphine gewesen sein.

Es gibt viele Hinweise darauf, daß sich Wale aus vierbeinigen, fellbedeckten Landtieren entwickelten. Besonders ihre Skelette sind eine wichtige Informationsquelle, obwohl sie gleichzeitig zahlreiche Anpassungen an das Wasserleben zeigen. So haben sich zum Beispiel ihre Vorderbeine zu einfachen Paddeln umgebildet, die Hinterbeine gingen bis auf eine kleine Gruppe nutzloser Knochen, die in den Muskeln verborgen sind, im Verlauf der Evolution verloren.

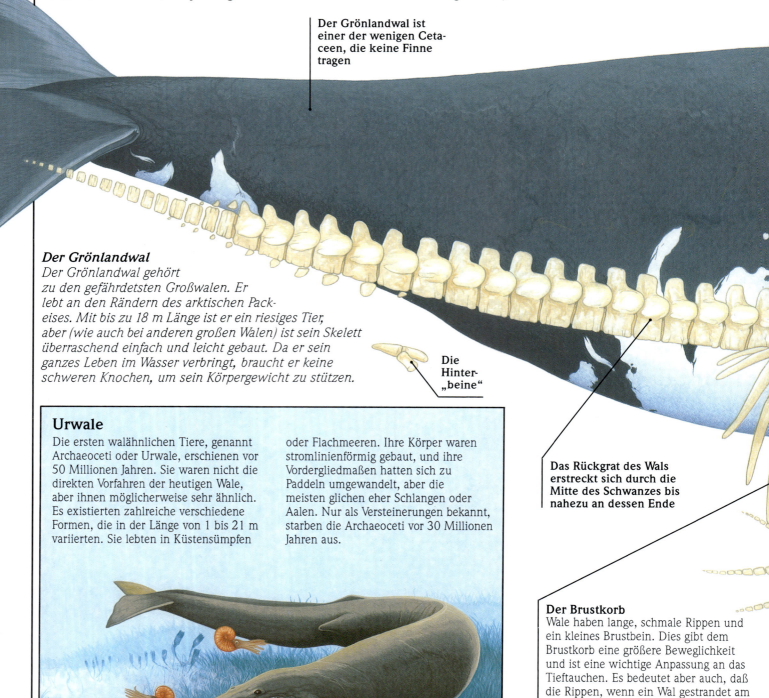

Der Grönlandwal ist einer der wenigen Cetaceen, die keine Finne tragen

Der Grönlandwal
Der Grönlandwal gehört zu den gefährdetsten Großwalen. Er lebt an den Rändern des arktischen Packeises. Mit bis zu 18 m Länge ist er ein riesiges Tier, aber (wie auch bei anderen großen Walen) ist sein Skelett überraschend einfach und leicht gebaut. Da er sein ganzes Leben im Wasser verbringt, braucht er keine schweren Knochen, um sein Körpergewicht zu stützen.

Die Hinter- „beine"

Das Rückgrat des Wals erstreckt sich durch die Mitte des Schwanzes bis nahezu an dessen Ende

Urwale
Die ersten walähnlichen Tiere, genannt Archaeoceti oder Urwale, erschienen vor 50 Millionen Jahren. Sie waren nicht die direkten Vorfahren der heutigen Wale, aber ihnen möglicherweise sehr ähnlich. Es existierten zahlreiche verschiedene Formen, die in der Länge von 1 bis 21 m variierten. Sie lebten in Küstensümpfen oder Flachmeeren. Ihre Körper waren stromlinienförmig gebaut, und ihre Vordergliedmaßen hatten sich zu Paddeln umgewandelt, aber die meisten glichen eher Schlangen oder Aalen. Nur als Versteinerungen bekannt, starben die Archaeoceti vor 30 Millionen Jahren aus.

Der Brustkorb
Wale haben lange, schmale Rippen und ein kleines Brustbein. Dies gibt dem Brustkorb eine größere Beweglichkeit und ist eine wichtige Anpassung an das Tieftauchen. Es bedeutet aber auch, daß die Rippen, wenn ein Wal gestrandet am Ufer liegt (Seiten 54–55), nicht stark genug sind, um das Gewicht des Körpers zu tragen. Dadurch erstickt das Tier letztendlich.

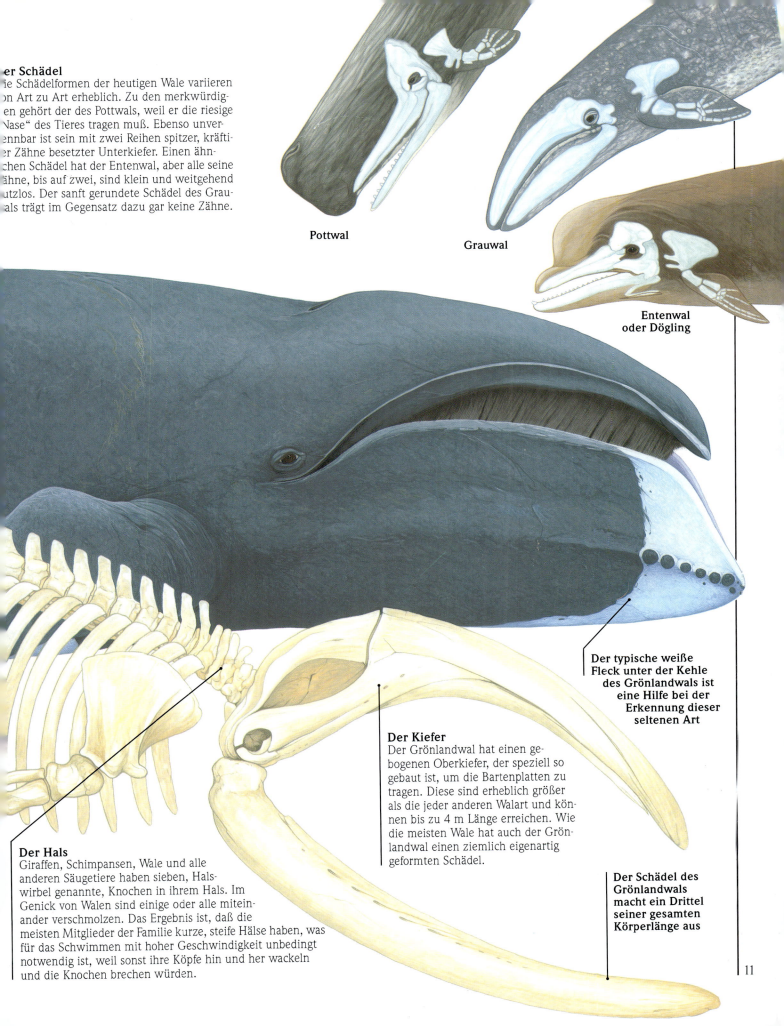

er Schädel

ie Schädelformen der heutigen Wale variieren
on Art zu Art erheblich. Zu den merkwürdig-
en gehört der des Pottwals, weil er die riesige
Nase" des Tieres tragen muß. Ebenso unver-
ennbar ist sein mit zwei Reihen spitzer, kräfti-
er Zähne besetzter Unterkiefer. Einen ähn-
chen Schädel hat der Entenwal, aber alle seine
ähne, bis auf zwei, sind klein und weitgehend
utzlos. Der sanft gerundete Schädel des Grau-
als trägt im Gegensatz dazu gar keine Zähne.

Pottwal

Grauwal

**Entenwal
oder Dögling**

**Der typische weiße
Fleck unter der Kehle
des Grönlandwals ist
eine Hilfe bei der
Erkennung dieser
seltenen Art**

Der Kiefer
Der Grönlandwal hat einen ge-
bogenen Oberkiefer, der speziell so
gebaut ist, um die Bartenplatten zu
tragen. Diese sind erheblich größer
als die jeder anderen Walart und können bis zu 4 m Länge erreichen. Wie
die meisten Wale hat auch der Grönlandwal einen ziemlich eigenartig
geformten Schädel.

**Der Schädel des
Grönlandwals
macht ein Drittel
seiner gesamten
Körperlänge aus**

Der Hals
Giraffen, Schimpansen, Wale und alle
anderen Säugetiere haben sieben, Hals-
wirbel genannte, Knochen in ihrem Hals. Im
Genick von Walen sind einige oder alle miteinander verschmolzen. Das Ergebnis ist, daß die
meisten Mitglieder der Familie kurze, steife Hälse haben, was
für das Schwimmen mit hoher Geschwindigkeit unbedingt
notwendig ist, weil sonst ihre Köpfe hin und her wackeln
und die Knochen brechen würden.

IM GANZEN HERUNTER

Wale und Delphine fressen sehr unterschiedliche Dinge, je nachdem, ob sie Zähne haben oder nicht. Die meisten größeren Wale haben keine und ernähren sich von Schwarmfischen oder kleinen, krabbenähnlichen Lebewesen, die man als „Krill" bezeichnet (Seite 63). Bei diesen Walen hängen Hunderte von borstigen Hornplatten wie ein Kamm vom Oberkiefer herab. Man nennt sie „Barten" oder „Walbein".

Die Bartenplatten überlappen sich, und ihre steifen Borsten bilden ein Sieb, das die Nahrung aus dem Meerwasser herausseiht. Mit einem Schluck nehmen die Bartenwale mehrere Tonnen Wasser auf und filtern innerhalb von Sekunden alle Fische oder Krillkrebse heraus. Delphine und andere Zahnwale müssen härter arbeiten, um satt zu werden. Die meisten ernähren sich von Fischen oder Tintenfischen, die sie verfolgen und einzeln greifen.

Kauen oder nicht kauen?

Die meisten Wale und Delphine brauchen ihr Futter nicht zu kauen, sie schlucken alles ganz herunter. Die größten „Schluckspechte" sind die Pottwale. Der Magen eines Tieres enthielt 28 000 unverdaute Tintenfischschnäbel, andere haben versehentlich einen alten Stiefel, einen großen Stein, einen alten Eimer oder andere merkwürdige Objekte verschluckt.

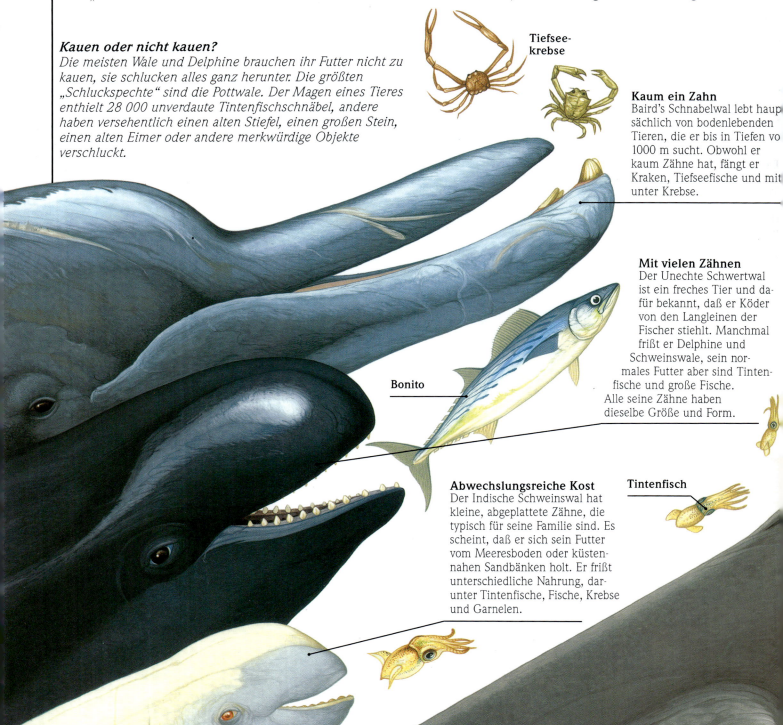

Tiefsee-krebse

Kaum ein Zahn
Baird's Schnabelwal lebt hauptsächlich von bodenlebenden Tieren, die er bis in Tiefen vo 1000 m sucht. Obwohl er kaum Zähne hat, fängt er Kraken, Tiefseefische und mitunter Krebse.

Mit vielen Zähnen
Der Unechte Schwertwal ist ein freches Tier und dafür bekannt, daß er Köder von den Langleinen der Fischer stiehlt. Manchmal frißt er Delphine und Schweinswale, sein normales Futter aber sind Tintenfische und große Fische. Alle seine Zähne haben dieselbe Größe und Form.

Bonito

Abwechslungsreiche Kost
Der Indische Schweinswal hat kleine, abgeplattete Zähne, die typisch für seine Familie sind. Es scheint, daß er sich sein Futter vom Meeresboden oder küstennahen Sandbänken holt. Er frißt unterschiedliche Nahrung, darunter Tintenfische, Fische, Krebse und Garnelen.

Tintenfisch

Nahrung filtern

Dieser Seiwal frißt beim Schwimmen. Er schwimmt mit leicht geöffnetem Maul und nimmt dabei riesige Mengen Meerwasser auf. In guten Nahrungsgründen wird es von Fischen und kleinen krebsähnlichen, Krill genannten, Lebewesen wimmeln, die auf diese Weise in das Maul des Wals gelangen. Das Wasser selbst strömt nur hindurch und sofort wieder heraus, aber die Tiere werden von den Bartenplatten herausgefiltert. Wenn der Wal von Zeit zu Zeit schlucken möchte, streift er sie mit seiner Zunge, die einem mit Gelee gefüllten Kissen gleicht, ab.

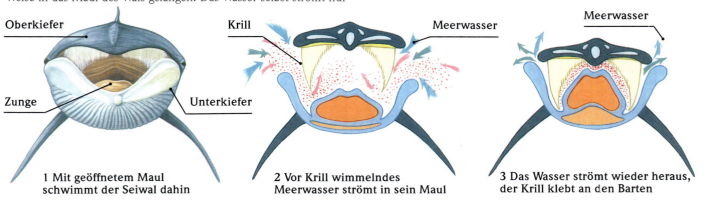

Oberkiefer **Zunge** **Unterkiefer**

1 Mit geöffnetem Maul schwimmt der Seiwal dahin

Krill **Meerwasser**

2 Vor Krill wimmelndes Meerwasser strömt in sein Maul

Meerwasser

3 Das Wasser strömt wieder heraus, der Krill klebt an den Barten

Barten

Abhängig davon, was und wie ein Wal frißt, variiert die Größe und Form der Barten erheblich. Meist sind hinten im Maul die größten, nach vorne hin verjüngen sie sich. Mit bis zu 4 m Länge besitzt der Grönlandwal die größten Barten.

Minkwal **Grauwal** **Blauwal**

Grönlandwal

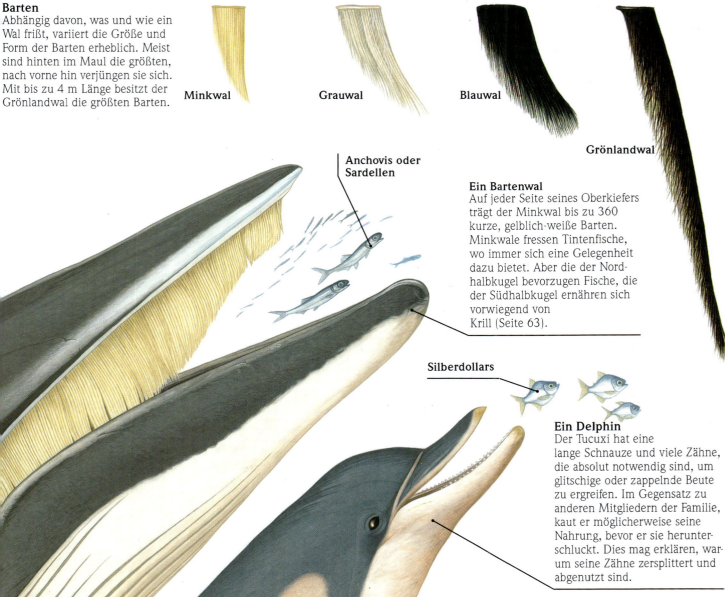

Anchovis oder Sardellen

Ein Bartenwal
Auf jeder Seite seines Oberkiefers trägt der Minkwal bis zu 360 kurze, gelblich-weiße Barten. Minkwale fressen Tintenfische, wo immer sich eine Gelegenheit dazu bietet. Aber die der Nordhalbkugel bevorzugen Fische, die der Südhalbkugel ernähren sich vorwiegend von Krill (Seite 63).

Silberdollars

Ein Delphin
Der Tucuxi hat eine lange Schnauze und viele Zähne, die absolut notwendig sind, um glitschige oder zappelnde Beute zu ergreifen. Im Gegensatz zu anderen Mitgliedern der Familie, kaut er möglicherweise seine Nahrung, bevor er sie herunterschluckt. Dies mag erklären, warum seine Zähne zersplittert und abgenutzt sind.

DIE WEIDEGRÜNDE

Die Suche nach Nahrung kann für Wale ein Problem sein. Sie brauchen viel, bekommen ihr bevorzugtes Futter aber oft nur in bestimmten Teilen der Welt zu einer ganz speziellen Zeit. Wale sehen sich stets nach neuen Gebieten um, aber die besten Nahrungsgründe werden von ihnen schon seit vielen Jahrhunderten besucht. Die reichste Ernte findet sich gewöhnlich in den kalten Meeren im extremen Norden oder Süden, besonders während des jeweiligen Sommers. Die Antarktis, Cape Cod, Neufundland, Alaska und einige andere Gebiete ziehen zahlreiche Wale an. In diesen „Walrestaurants" verbringen die freundlichen Riesen viele Monate, wobei sie soviel Fisch und Krill wie irgend möglich fressen (Seite 63). In den äquatornahen Gewässern, in denen sie ihre Jungen zur Welt bringen, gibt es sehr wenig Nahrung, daher müssen sie vorher viel fressen, um während des Restes des Jahres von ihren Fettreserven zehren zu können.

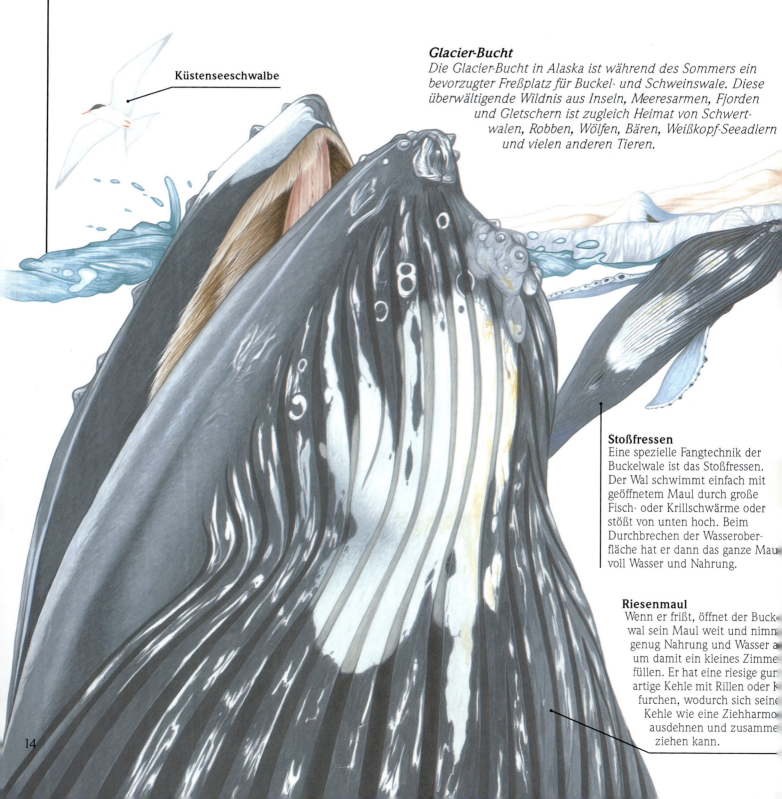

Küstenseeschwalbe

Glacier-Bucht
Die Glacier-Bucht in Alaska ist während des Sommers ein bevorzugter Freßplatz für Buckel- und Schweinswale. Diese überwältigende Wildnis aus Inseln, Meeresarmen, Fjorden und Gletschern ist zugleich Heimat von Schwert- walen, Robben, Wölfen, Bären, Weißkopf-Seeadlern und vielen anderen Tieren.

Stoßfressen
Eine spezielle Fangtechnik der Buckelwale ist das Stoßfressen. Der Wal schwimmt einfach mit geöffnetem Maul durch große Fisch- oder Krillschwärme oder stößt von unten hoch. Beim Durchbrechen der Wasserober- fläche hat er dann das ganze Maul voll Wasser und Nahrung.

Riesenmaul
Wenn er frißt, öffnet der Buck[el-] wal sein Maul weit und nimm[t] genug Nahrung und Wasser a[uf,] um damit ein kleines Zimme[r] füllen. Er hat eine riesige gu[m-] artige Kehle mit Rillen oder K[ehl-] furchen, wodurch sich sein[e] Kehle wie eine Ziehharmo[nika] ausdehnen und zusammen ziehen kann.

Silbermöwe

Mitesser
Silbermöwen, Küstensee-
schwalben und andere Vögel halten sich oft in der Nähe fressender
Buckelwale auf, um Fische zu fangen, die versuchen, den Walen zu
entwischen. Manchmal allerdings
kommen die Vögel zu nahe und
werden selbst gefressen.

Luftblasennetz

Mitunter bauen sich Buckelwale aus Luftblasen ihre eigenen
Fischernetze. Sie schwimmen unterhalb eines Fisch- oder Krill-
schwarms in einer Spirale, wobei sie aus ihren Blaslöchern Luft
ausströmen lassen. So bildet sich ein Vorhang aus Blasen, der die
Beute einschließt. Mit weitgeöffnetem Maul schießen die Wale
dann durch die Mitte zur Wasseroberfläche empor.

**Blasenvorhänge können
einen Durchmesser von
bis zu 30 m haben, so
daß mehrere Wale leicht
hineinpassen**

Schweinswal
Schweinswale sind ziemlich
klein. Aber trotz des Größen-
unterschiedes lieben sowohl
Buckel- als auch Schweinswale, Kabeljau, Makrele und
Hering. Natürlich schluckt der
Buckelwal mit einem einzigen
Schluck mehr, als der Schweinswal in einem Monat
fressen kann.

**Buckelwale
jagen oft in
kleinen Gruppen**

Nördliche Seebären
Wale und Delphine sind nicht
die einzigen Tiere, die das reiche
Nahrungsangebot nutzen. Hier
findet man oft auch Nördliche
Seebären, die nach Kabeljau,
Heringen, Tintenfischen und an-
deren Meereslebewesen jagen.
Sie fischen selten in Küstennähe
und schwimmen zu ihren
abendlichen und nächtlichen
Festessen lieber weit auf das
Meer hinaus.

Dorsch

UNSCHULDIGE MÖRDER

Als kraftvolle und erfolgreiche Jäger flößen Schwertwale Furcht ein. Ihre mit Reihen von langen, kräftigen Zähnen besetzten Kiefer sind dazu geschaffen, andere Tiere zu ergreifen und zu zerreißen. Sicher in der Gewißheit, keine natürlichen Feinde zu besitzen, streifen sie durch das Meer und versuchen sich selbst an Blauwalen. Aber Schwertwale verdienen den Beinamen „Killerwale" nicht. Sie jagen nie aus Spaß, und gleichen daher anderen Fleischfressern, die Tiere

töten, um zu überleben. Im Gegensatz zu anderen Großraubtieren, wie Löwen, Tigern und Eisbären, jagen Schwertwale nie Menschen, und es wird nur von einem „Angriff" aus der freien Wildbahn berichtet. Dieser betraf einen Surfer. Er überlebte, weil der Wal seinen Irrtum erkannte und ihn ausspuckte. Viele Menschen sind zusammen mit Schwertwalen geschwommen und konnten davon erzählen, weil sie überlebten.

Der Name „Killerwal"
Auch heute bezeichnen manche Menschen die Schwertwale noch falsch und wertend als „Killerwale". Möglicherweise stammt diese Bezeichnung von spanischen Walfängern des 18. Jahrhunderts, die sie „Killer von Walen" nannten, nachdem sie Gruppen von Schwertwalen beobachtet hatten, die Großwale angriffen. Heute bezeichnet man sie als „Schwertwale" oder „Orcas".

Sattelrobbe

Schulen
Schwertwale leben in kleinen Gruppen, die man „Schulen" nennt. Jede ist eine Familie, in der oft Eltern, Kinder, Großeltern, Tanten und Onkel zusammen leben und umherschwimmen. Eine typische Schule umfaßt 4 bis 40 Schwertwale, es können aber auch wesentlich mehr sein.

Weiblicher Schwertwal
Ein Weibchen der Schwertwale gleicht dem Männchen, ist aber deutlich kleiner: Mit etwa 3 Tonnen erreicht sie knapp die Hälfte seines Gewichts und wird selten größer als 7 m. Es scheint aber, daß die Weibchen erheblich länger leben als die Männchen und mit 80 Jahren ein hohes Alter erreichen.

Auf der Jagd nach Lachs
Wie Wölfe jagen Schwertwale in Rudeln. Sie arbeiten zusammen, wobei sie oft in Formation schimmen, um ihre Beute einzukesseln und zu fangen. Wenn sie zum Angriff übergehen, erreichen sie eine Geschwindigkeit von bis zu 50 km/h. Einige Gruppen fressen gerne Fisch und ernähren sich kaum von etwas anderem, andere bevorzugen Fleisch, wie z. B. Robben.

Einige Schwertwale fressen gerne Lachs

1 Schwertwalbulle, bis zu 9,8 m lang

2 Sattelrobbe, 1,6 m lang

Das einzige Lebewesen, welches Schwertwale fürchten müssen, ist der Mensch, weil wir sie töten oder für Zoos und Ozeanarien fangen

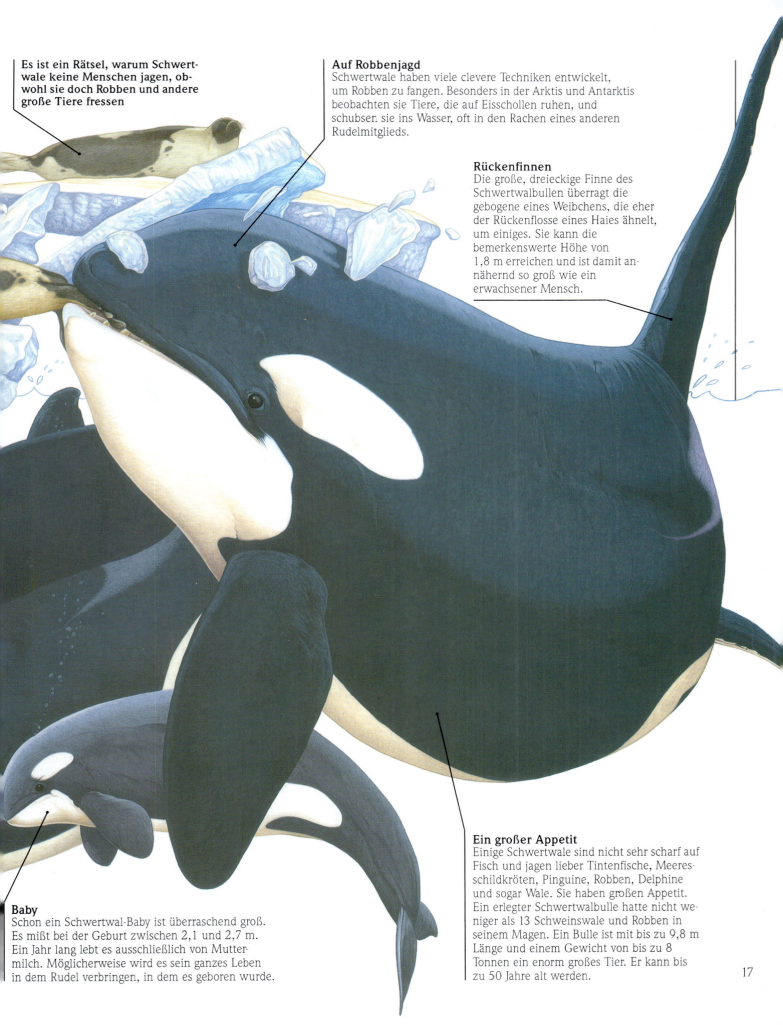

Es ist ein Rätsel, warum Schwertwale keine Menschen jagen, obwohl sie doch Robben und andere große Tiere fressen

Auf Robbenjagd
Schwertwale haben viele clevere Techniken entwickelt, um Robben zu fangen. Besonders in der Arktis und Antarktis beobachten sie Tiere, die auf Eisschollen ruhen, und schubsen sie ins Wasser, oft in den Rachen eines anderen Rudelmitglieds.

Rückenfinnen
Die große, dreieckige Finne des Schwertwalbullen überragt die gebogene eines Weibchens, die eher der Rückenflosse eines Haies ähnelt, um einiges. Sie kann die bemerkenswerte Höhe von 1,8 m erreichen und ist damit annähernd so groß wie ein erwachsener Mensch.

Ein großer Appetit
Einige Schwertwale sind nicht sehr scharf auf Fisch und jagen lieber Tintenfische, Meeresschildkröten, Pinguine, Robben, Delphine und sogar Wale. Sie haben großen Appetit. Ein erlegter Schwertwalbulle hatte nicht weniger als 13 Schweinswale und Robben in seinem Magen. Ein Bulle ist mit bis zu 9,8 m Länge und einem Gewicht von bis zu 8 Tonnen ein enorm großes Tier. Er kann bis zu 50 Jahre alt werden.

Baby
Schon ein Schwertwal-Baby ist überraschend groß. Es mißt bei der Geburt zwischen 2,1 und 2,7 m. Ein Jahr lang lebt es ausschließlich von Muttermilch. Möglicherweise wird es sein ganzes Leben in dem Rudel verbringen, in dem es geboren wurde.

MEISTER IM TAUCHEN

Fische können unter Wasser atmen, da sie Kiemen haben. Bei Walen ist das anders. Wie auch Menschen besitzen sie Lungen, die nur an der Luft funktionieren. Das heißt, daß sie, obwohl sie den größten Teil ihres Lebens unter Wasser verbringen, immer wieder zum Atmen auftauchen müssen. Mitunter benötigen sie nach langen Tauchgängen so dringend Luft, daß sie wie Torpedos zur Wasseroberfläche hinaufjagen, aus dem Meer herausschießen und mit einem enormen Platsch wieder zurückfallen. Sie ruhen sich einen Moment aus und atmen einige Male tief durch, um sich zu erholen, ehe sie erneut tauchen.

Wale können nicht durch ihr Maul atmen, sie nehmen Luft nur durch ihre Nasenlöcher auf, die man „Blaslöcher" nennt. Sie liegen oben auf dem Kopf, so daß die Tiere entspannt im Wasser liegen können, während nur ein kleiner Teil ihres Körpers an der Oberfläche sichtbar wird. Die meisten größeren Wale haben zwei Blaslöcher, eine Ausnahme bildet der Pottwal, der nur eines besitzt.

Pottwal
Einer der eigenartigsten Großwale ist der Pottwal, ein riesiges Tier, das einem kleinen U-Boot gleicht. Das Männchen, das größer als das Weibchen ist, kann eine Länge von 18 m erreichen und bis zu 50 Tonnen wiegen. Pottwale sind Tauchweltmeister und können länger und tiefer tauchen als jedes andere Säugetier.

„Schwänzchen in die Höh"
Wenn ein Pottwal beim Abtauchen seinen Schwanz hoch in die Luft steckt, kann man daraus schließen, daß er einen langen, tiefen Tauchgang plant. Der Schwanz verschwindet im Wasser, während sein Besitzer nahezu senkrecht in die finsteren Tiefen hinabsinkt. Die Fluke eines Pottwals ist leicht zu erkennen, weil sie breit und kräftig mit einer geraden Hinterkante ist und in der Mitte einen kleinen V-förmigen Einschnitt hat.

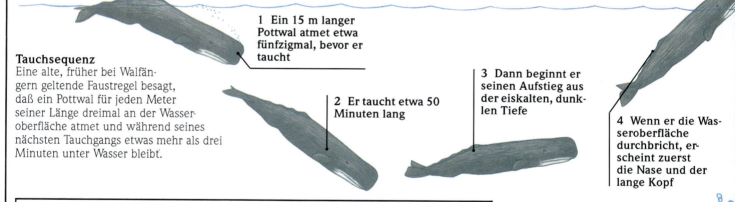

Tauchsequenz
Eine alte, früher bei Walfängern geltende Faustregel besagt, daß ein Pottwal für jeden Meter seiner Länge dreimal an der Wasseroberfläche atmet und während seines nächsten Tauchgangs etwas mehr als drei Minuten unter Wasser bleibt.

1 Ein 15 m langer Pottwal atmet etwa fünfzigmal, bevor er taucht

2 Er taucht etwa 50 Minuten lang

3 Dann beginnt er seinen Aufstieg aus der eiskalten, dunklen Tiefe

4 Wenn er die Wasseroberfläche durchbricht, erscheint zuerst die Nase und der lange Kopf

Moby Dick
Der Pottwal ist aufgrund seiner Hauptrolle in dem im 19. Jahrhundert erschienenen Roman „Moby Dick" der bekannteste Wal. Das Buch wurde von dem Amerikaner Herman Melville, der einst selbst Walfänger war, geschrieben und ist die Geschichte eines sagenhaften großen, weißen Pottwals, der von einem Schiff und seiner Besatzung durch alle Meere verfolgt wird. Der Roman endet mit einer dreitägigen Schlacht, in der nahezu jeder umkommt. Es ist wahr, daß Pottwale Fangschiffe durch Rammstöße mit dem Kopf versenkt haben, wenn sie angegriffen wurden. Andere Schiffe liefen auf Wale auf, die sich friedlich an der Meeresoberfläche ausruhten.

Tieftaucher
Es ist schwierig festzustellen, wie tief Pottwale tauchen. Bei großen Bullen hat man Tiefen von mindestens 2250 m festgestellt. Es ist aber anzunehmen, daß Pottwale noch tiefer gehen können, mehr als 3 km unter die Oberfläche, wobei sie die Luft für mehr als zwei Stunden anhalten.

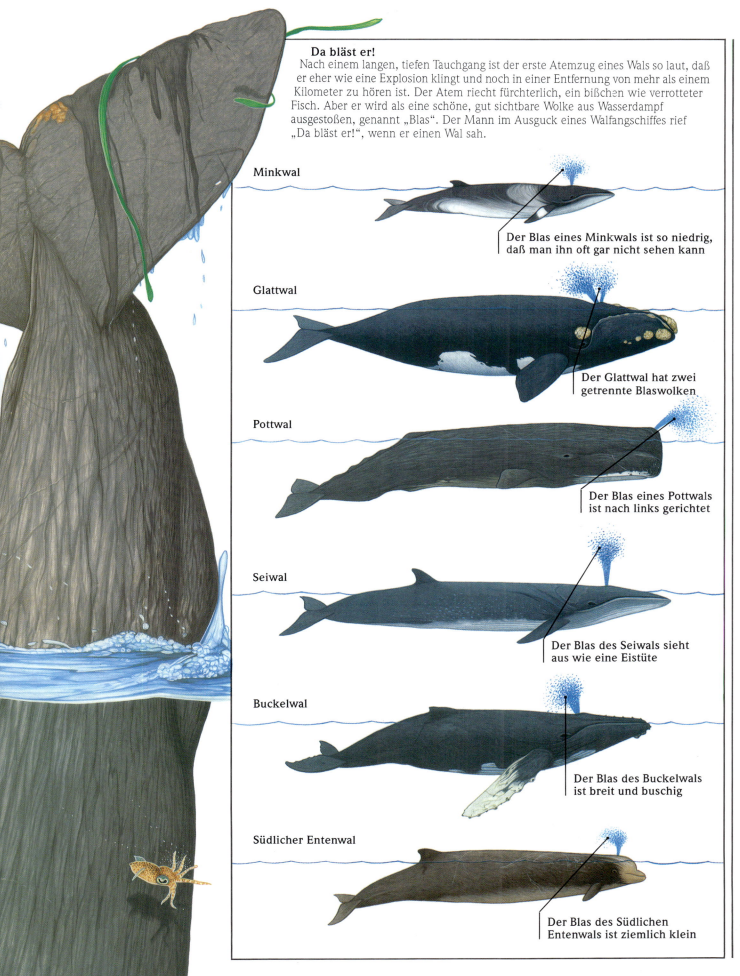

Da bläst er!

Nach einem langen, tiefen Tauchgang ist der erste Atemzug eines Wals so laut, daß er eher wie eine Explosion klingt und noch in einer Entfernung von mehr als einem Kilometer zu hören ist. Der Atem riecht fürchterlich, ein bißchen wie verrotteter Fisch. Aber er wird als eine schöne, gut sichtbare Wolke aus Wasserdampf ausgestoßen, genannt „Blas". Der Mann im Ausguck eines Walfangschiffes rief „Da bläst er!", wenn er einen Wal sah.

Minkwal

Der Blas eines Minkwals ist so niedrig, daß man ihn oft gar nicht sehen kann

Glattwal

Der Glattwal hat zwei getrennte Blaswolken

Pottwal

Der Blas eines Pottwals ist nach links gerichtet

Seiwal

Der Blas des Seiwals sieht aus wie eine Eistüte

Buckelwal

Der Blas des Buckelwals ist breit und buschig

Südlicher Entenwal

Der Blas des Südlichen Entenwals ist ziemlich klein

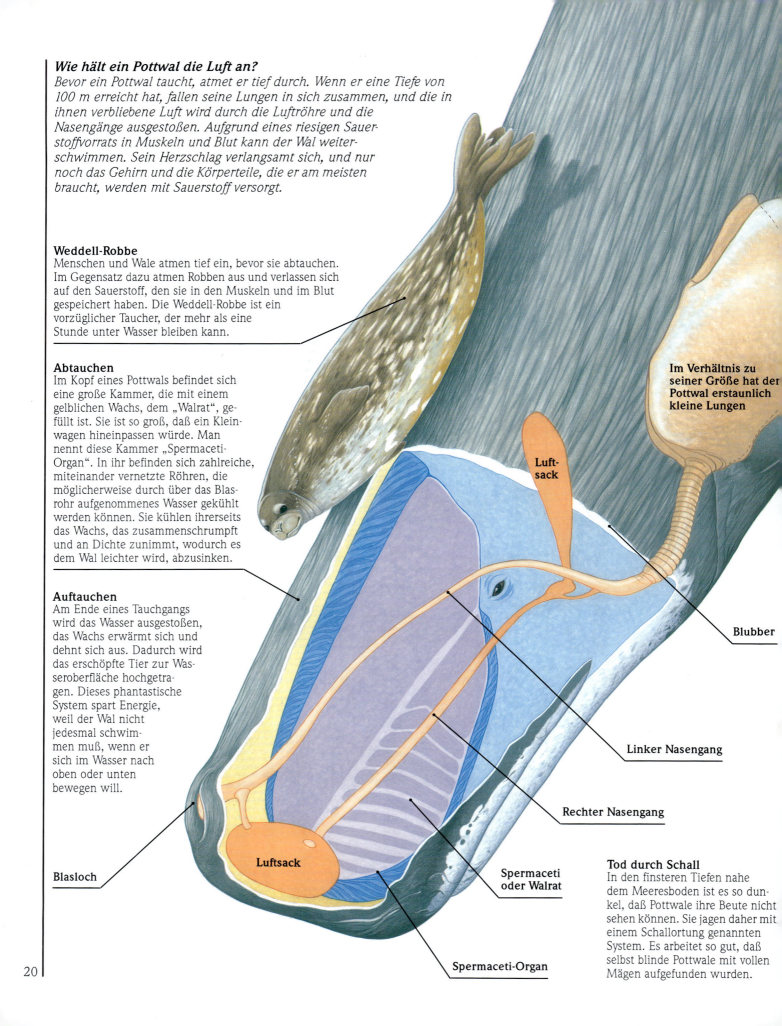

Wie hält ein Pottwal die Luft an?
Bevor ein Pottwal taucht, atmet er tief durch. Wenn er eine Tiefe von 100 m erreicht hat, fallen seine Lungen in sich zusammen, und die in ihnen verbliebene Luft wird durch die Luftröhre und die Nasengänge ausgestoßen. Aufgrund eines riesigen Sauerstoffvorrats in Muskeln und Blut kann der Wal weiterschwimmen. Sein Herzschlag verlangsamt sich, und nur noch das Gehirn und die Körperteile, die er am meisten braucht, werden mit Sauerstoff versorgt.

Weddell-Robbe
Menschen und Wale atmen tief ein, bevor sie abtauchen. Im Gegensatz dazu atmen Robben aus und verlassen sich auf den Sauerstoff, den sie in den Muskeln und im Blut gespeichert haben. Die Weddell-Robbe ist ein vorzüglicher Taucher, der mehr als eine Stunde unter Wasser bleiben kann.

Abtauchen
Im Kopf eines Pottwals befindet sich eine große Kammer, die mit einem gelblichen Wachs, dem „Walrat", gefüllt ist. Sie ist so groß, daß ein Kleinwagen hineinpassen würde. Man nennt diese Kammer „Spermaceti-Organ". In ihr befinden sich zahlreiche, miteinander vernetzte Röhren, die möglicherweise durch über das Blasrohr aufgenommenes Wasser gekühlt werden können. Sie kühlen ihrerseits das Wachs, das zusammenschrumpft und an Dichte zunimmt, wodurch es dem Wal leichter wird, abzusinken.

Auftauchen
Am Ende eines Tauchgangs wird das Wasser ausgestoßen, das Wachs erwärmt sich und dehnt sich aus. Dadurch wird das erschöpfte Tier zur Wasseroberfläche hochgetragen. Dieses phantastische System spart Energie, weil der Wal nicht jedesmal schwimmen muß, wenn er sich im Wasser nach oben oder unten bewegen will.

Im Verhältnis zu seiner Größe hat der Pottwal erstaunlich kleine Lungen

Luftsack

Blubber

Linker Nasengang

Rechter Nasengang

Spermaceti oder Walrat

Blasloch

Luftsack

Spermaceti-Organ

Tod durch Schall
In den finsteren Tiefen nahe dem Meeresboden ist es so dunkel, daß Pottwale ihre Beute nicht sehen können. Sie jagen daher mit einem Schallortung genannten System. Es arbeitet so gut, daß selbst blinde Pottwale mit vollen Mägen aufgefunden wurden.

20

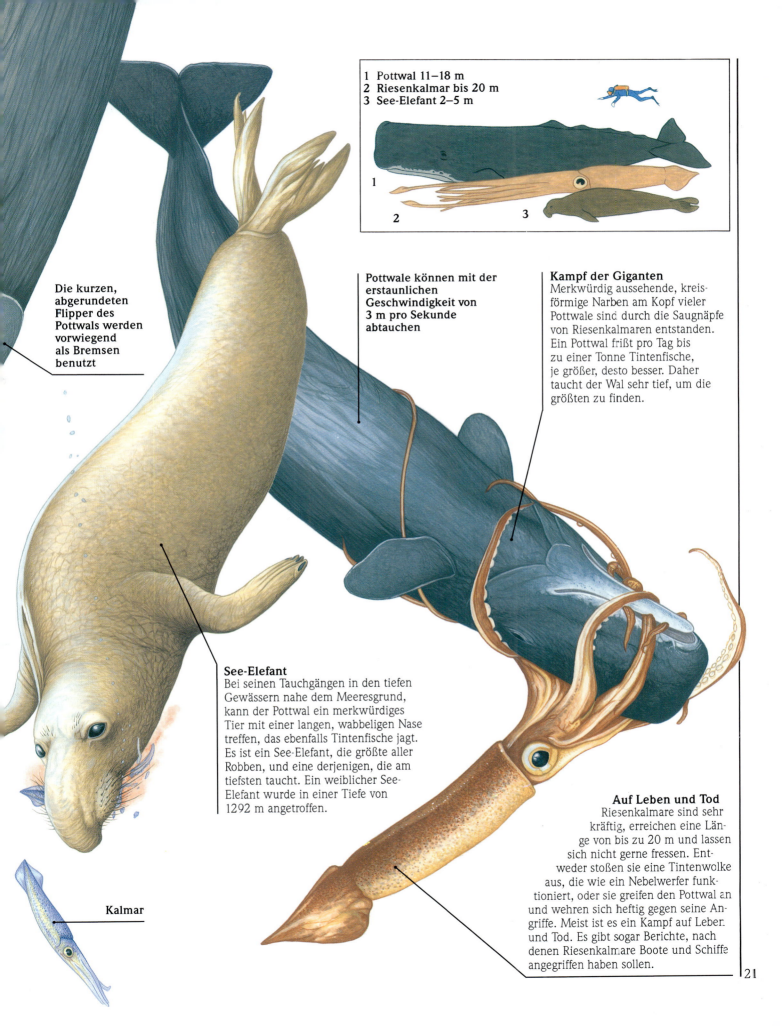

1

2   3

Die kurzen,
abgerundeten
Flipper des
Pottwals werden
vorwiegend
als Bremsen
benutzt

Pottwale können mit der
erstaunlichen
Geschwindigkeit von
3 m pro Sekunde
abtauchen

Kampf der Giganten
Merkwürdig aussehende, kreis-
förmige Narben am Kopf vieler
Pottwale sind durch die Saugnäpfe
von Riesenkalmaren entstanden.
Ein Pottwal frißt pro Tag bis
zu einer Tonne Tintenfische,
je größer, desto besser. Daher
taucht der Wal sehr tief, um die
größten zu finden.

See-Elefant
Bei seinen Tauchgängen in den tiefen
Gewässern nahe dem Meeresgrund,
kann der Pottwal ein merkwürdiges
Tier mit einer langen, wabbeligen Nase
treffen, das ebenfalls Tintenfische jagt.
Es ist ein See-Elefant, die größte aller
Robben, und eine derjenigen, die am
tiefsten taucht. Ein weiblicher See-
Elefant wurde in einer Tiefe von
1292 m angetroffen.

Auf Leben und Tod
Riesenkalmare sind sehr
kräftig, erreichen eine Länge von bis zu 20 m und lassen
sich nicht gerne fressen. Entweder stoßen sie eine Tintenwolke
aus, die wie ein Nebelwerfer funk-
tioniert, oder sie greifen den Pottwal an
und wehren sich heftig gegen seine An-
griffe. Meist ist es ein Kampf auf Leben
und Tod. Es gibt sogar Berichte, nach
denen Riesenkalmare Boote und Schiffe
angegriffen haben sollen.

Kalmar

ES WERDEN VORGESTELLT

Delphine gehören alle zu derselben Familie, aber sie sehen nicht alle gleich aus. Abgesehen von den ins Auge fallenden Variationen in Farbe und Fleckung, sind auch die Formen ihrer Körper, Schnauzen, Flipper und Finnen sehr unterschiedlich. Bei einigen Arten ändert sich das Aussehen auch mit zunehmendem Alter. Rundkopfdelphine sind bei der Geburt hellgrau, werden dann schokoladenbraun und noch später silbergrau. Geflecke Delphine, die in Küstennähe leben, sind meist etwas größer als ihre in der Hochsee lebenden Verwandten. Die gelben Flecken des Gewöhnlichen Delphins können während des Winters verblassen. Variationen wie diese – und die Tatsache, daß Delphine stets in Bewegung sind – machen sie zu Tieren, die in Freiheit überraschend schwierig zu bestimmen sind.

Oben dunkel, unten hell

Viele Delphine haben helle Bäuche und dunkle Rücken. Diese Tarnung hilft ihnen, mit ihrer Umgebung zu verschmelzen. Sieht man sie von oben, so sind sie über dem dunklen Wasser der Tiefe schlecht zu sehen. Von unten sind sie gegen die helle Wasseroberfläche ebenfalls kaum zu erkennen.

Gefleckter Delphin
Nicht alle Gefleckten Delphine sind gleich gefleckt. Je nachdem, wo sie leben und wie alt sie sind, variiert die Menge und Größe der Punkte. Alle werden ungefleckt geboren, die ersten Punkte erscheinen, wenn die Jungen etwa ein Jahr alt sind.

Glattdelphine
Einer der anmutigsten Delphine ist der Südliche Glattdelphin, der in den kalten Gewässern der Südhalbkugel lebt. Weil er keine Finne hat, verläuft sein Rücken in einer glatten Kurve von der Schnauze bis zum Schwanzansatz. Trotzdem kann er schnell schwimmen, wobei ihm möglicherweise sein abgeflachter Körper im Wasser Stabilität gibt.

Sanduhrdelphin
Diese Delphine haben ein Farbmuster, das den Körperumriß auflöst. Aus der Entfernung sehen mehrere von ihnen zusammen wie ein Fischschwarm aus, sie können sich daher ungesehen an ihre Beute heranpirschen. Aus der Nähe betrachtet, sieht seine Schnauze aus, als wenn er sie zum Küßchen spitzt.

Indopazifischer Buckeldelphin
Bei diesem eigenartig aussehenden Bewohner des Indischen und Pazifischen Ozeans sitzt eine kleine, gerundete Finne auf einem großen Buckel. Ein Buckeldelphinbaby hat die klassische Delphinform, aber wenn es älter wird, wächst der Fetthöcker. Bei westlich von Indonesien lebenden Tieren ist der Buckel größer und die Finne ausgeprägter.

Gangesdelphin
Der ziemlich plumpe Ganges-Delphin trägt keine auffälligen Farben. Komplizierte Muster wären auch sinnlos, da er in trüben Flüssen lebt, in denen jedes Tier nur wenige Zentimeter über seine Nasenspitze hinaussehen kann.

Der Irawadi-Delphin trägt eine kleine, an der Spitze abgerundete Finne

Hectors-Delphin
In den Küstengewässern Neuseelands lebt ein pummeliger, kleiner Delphin mit einer unverwechselbaren runden Finne. Der „Hectors-Delphin" ist an dem typischen hellgrauen, scheibenförmigen Fleck auf seiner Stirn gut zu erkennen. Wenn er zur Oberfläche aufsteigt, um zu atmen, zeigt er nur wenig von sich und ist daher ein schwer zu beobachtendes Tier.

Irawadi-Delphin
Der Irawadi-Delphin sieht aus, als ob er ständig lächelt, und wirkt darum auf uns besonders nett. Er ähnelt im Aussehen stark dem Beluga-Wal, obwohl die beiden Arten Tausende von Kilometern voneinander entfernt leben. Die Heimat des Irawadi-Delphins ist das tropische Asien. Man findet ihn in mehreren großen Flüssen (darunter im namensgebenden Irawadi) und in warmen Küstengewässern von Indien bis Neuguinea.

Rundkopfdelphin
Dieser Delphin sieht aus, als wenn er durch einen Dornenbusch gezogen worden wäre. Sein Körper ist mit weißen Narben und Schrammen bedeckt, die normalerweise von den Zähnen anderer Rundkopfdelphine stammen. Ältere Tiere, die mehr Kämpfe bestanden haben, sehen zunehmend böse zugerichtet aus.

Kalmar

Gewöhnlicher Delphin
Der Gewöhnliche Delphin hat eine lange Schnauze, einen stromlinienförmigen Körper, eine deutliche Finne und zugespitzte Flipper. Mit dem Kreuzmuster auf seinen Flanken ist er ein besonders schönes Tier. Er tritt in so vielen Variationen auf, daß manche Wissenschaftler annehmen, daß nicht alle Tiere zu einer Art gehören.

23

GEBORENE AKROBATEN

Manchmal scheint es, daß Wale und Delphine ebensoviel Zeit über wie unter Wasser verbringen. Sie schlagen Purzelbäume, twisten, springen synchron und strecken ihre Köpfe aus dem Wasser. Wild und in Freiheit zeigen sie akrobatische Kunststücke, die manchen Zirkusartisten vor Neid erblassen lassen würden. Gefleckte Delphine z. B. springen so hoch, daß sie im Scheitelpunkt des Sprunges zu verharren scheinen, bevor sie in das Wasser zurückfallen. Dunkle Delphine schießen mit Höchstgeschwindigkeit aus dem Wasser und schlagen einen Purzelbaum. Und manche Wale strecken ihre Fluke hoch in die Luft und segeln so wie Segelboote. Viele dieser verspielten Tiere gucken sich Tricks von anderen ab, und sobald einer ein neues Kunststück entdeckt hat, werden es ihm die anderen nachmachen. Ein Großer Tümmler ahmte sogar einen schlafenden Seebären nach, indem er auf seinem Rücken schwimmend beide Flipper flach gegen seinen Bauch preßte. Die große Frage aber, die viele Wissenschaftler bewegt, ist, ob diese Spiele einen Sinn haben oder ob die Tiere einfach Spaß haben wollen.

Vorstellung!
Viele Wale und Delphine verlassen schmackhafte Fischschwärme, um ein vorbeifahrendes Schiff oder Boot zu begleiten. Sie zeigen sich gerne und können einer Möglichkeit, ihre Kunststücke vorzuführen, nicht widerstehen. Sie kommen herbeigerast, um in der Bugwelle zu spielen oder längsseits akrobatische Nummern vorzuführen, während das Schiff durchs Wasser gleitet. Einige legen sich sogar auf ihre Seite, um alle an Deck anzuschauen, nur um sicherzugehen, daß jeder Zuschauer die Show genießt.

Übers Wasser schießen
Viele Wale und Delphine haben einen wunderbaren Weg gefunden, lange Strecken zurückzulegen, ohne allzuviel Energie zu verschwenden. Schnell schwimmend, schießen sie in langen Sprüngen aus dem Wasser heraus, und können so atmen, ohne ihre Geschwindigkeit herabzusetzen. Nördliche Glattdelphine beherrschen diese Technik besonders gut. Meist springen sie zusammen in anmutigen Bögen und gleichen dabei Akrobaten oder Tänzern.

Surfen
Jacobitas leben meist im Flachwasser nahe der Küste. Sie sind begeisterte Surfer und verbringen einen Großteil ihrer Zeit mit Wellenreiten oder machen diese Manöver in den Wellen vorbeifahrender Schiffe. Auch schwimmen sie in einer großen Welle, die in Richtung Land rollt, in Gruppen entlang. Bricht sie am Ende, schwimmen sie heraus und warten auf die nächste, genau wie menschliche Surfer.

Springen

Der Brydewal (ausgesprochen „Brüdewal") schießt mitunter wie eine Rakete aus dem Meer und fällt mit einem Platscher zurück. Diese eigenartigen Luftsprünge, genannt „breaching", (Seiten 48 und 49) scheinen ein beliebter Zeitvertreib vieler Großwale zu sein. Manche betreiben es im Übermaß, indem sie Dutzende derartiger Sprünge in wenigen Minuten machen.

Spritzen

Einige Delphine scheinen alle Spiele zu mögen, bei denen es so richtig spritzt. Eine große Schule Pazifischer Weißseitendelphine kann das Wasser dermaßen aufwühlen, daß man die Wasserspritzer viel eher sieht als die Tiere selbst.

Herumkreiseln

Spinnerdelphine sind die besten Akrobaten unter den Delphinen. Sie tun alles, um Aufmerksamkeit auf ihre Kunststücke zu ziehen, aber einer der Lieblingstricks ist, um die eigene Achse zu kreiseln. Sie schleudern sich in die Luft und drehen sich während eines einzigen Sprunges etliche Male. Am häufigsten zeigen sie diese Drehsprünge am Abend, während sie sich für ihre nächtliche Jagd bereit machen.

Bugwellenreiten

Dieser Weißschnauzendelphin reist per Anhalter, indem er sich von der Bugwelle eines Schiffes tragen läßt. Er wird durch das Wasser geschoben. Viele Delphine lieben die Herausforderung, die moderne, schnelle Schiffe bedeuten und quietschen aufgeregt, wenn sie einem begegnen.

„Spähhüpfen"

Der Zwergschwertwal scheint keine Sprünge auszuführen, sich Booten zu nähern oder zu surfen. Aber hin und wieder schlägt er heftig mit der Fluke und hebt den Kopf und einen Teil seines Körpers aus dem Wasser. Man nennt dies Verhalten „Spähhüpfen". Es erlaubt dem Wal, sich seine Umgebung anzuschauen. Er kann in dieser Stellung länger als eine Minute verharren.

WANDERUNGEN

Wale sind beinahe immer in Bewegung, entweder auf der Suche nach Nahrung oder auf dem Weg zu Plätzen, wo sie ihre Jungen zur Welt bringen. Einige wandern nur zu bestimmten Jahreszeiten, andere verlassen einfach ungünstige Gebiete und suchen bessere auf. Manche patrouillieren nur in einem kleinen Revier, andere unternehmen lange und gefährliche Reisen durch die größten Meere der Welt. Grindwale beispielsweise folgen den Wanderungen der Tintenfische, Narwale dem aufbrechenden Packeis. Aber am weitesten wandern die großen Wale. Viele Monate reisen sie zwischen Nahrungsgründen und Kinderstuben hin und her. Normalerweise ziehen sie im Sommer polwärts, um sich hier in den nahrungsreichen Gewässern zu mästen, und im Winter schwimmen sie in die warmen, ruhigen Gewässer der Tropen, um hier ihre Jungen zu gebären.

Immer auf Achse

Grauwale sind für ihre langen Wanderungen bekannt. Den ganzen Winter verbringen sie in ihrem Fortpflanzungsgebiet, der Baja California vor Mexiko. Im Frühjahr brechen sie zu ihren Sommerweiden in den nahrungsreichen Gewässern der Arktis vor der Küste Alaskas auf. Auf ihrem Weg folgen sie der Küstenlinie Nordamerikas, wobei sie oft dicht unter Land schwimmen.

Reisende Riesen

Mit bis zu 15 m Länge und einem Gewicht von bis zu 35 Tonnen sind Grauwale große Tiere. Allein ihre Zunge wiegt schon soviel wie ein kleiner PKW. Auf seiner Wanderung legt der Grauwal pro Jahr 20 000 km zurück. Wenn man sein normales Alter von 40 Jahren zugrundelegt, wandert jeder Grauwal in seinem Leben einmal zum Mond hin und zurück.

Wanderungsmuster

Grauwale, die eine große Entfernung zurücklegen, zeigen ein sehr typisches Atemmuster. Sie blasen drei- bis fünfmal mit Abständen von jeweils 15 bis 20 Sekunden, heben dann ihre Fluke hoch in die Luft und tauchen für fünf Minuten ab. Dann kehren sie zur Oberfläche zurück und wiederholen den ganzen Vorgang.

Geburt

Grauwale paaren sich in den warmen Gewässern vor der mexikanischen Küste. Zur selben Zeit, aber ein Jahr später, kommen die Kälber zur Welt. Meist werden die Babies in flachen Lagunen, die nicht tiefer als 10 m sind, geboren. Selten gebären Grauwale ohne Hilfe – stets steht ein anderes Weibchen, eine „Tante", zur Hilfestellung bereit.

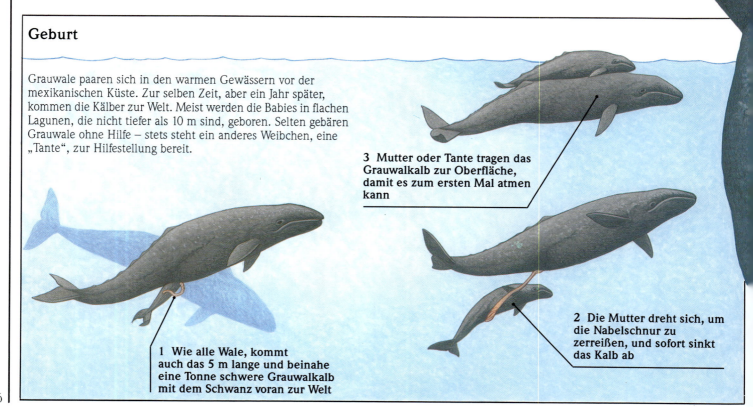

3 Mutter oder Tante tragen das Grauwalkalb zur Oberfläche, damit es zum ersten Mal atmen kann

1 Wie alle Wale, kommt auch das 5 m lange und beinahe eine Tonne schwere Grauwalkalb mit dem Schwanz voran zur Welt

2 Die Mutter dreht sich, um die Nabelschnur zu zerreißen, und sofort sinkt das Kalb ab

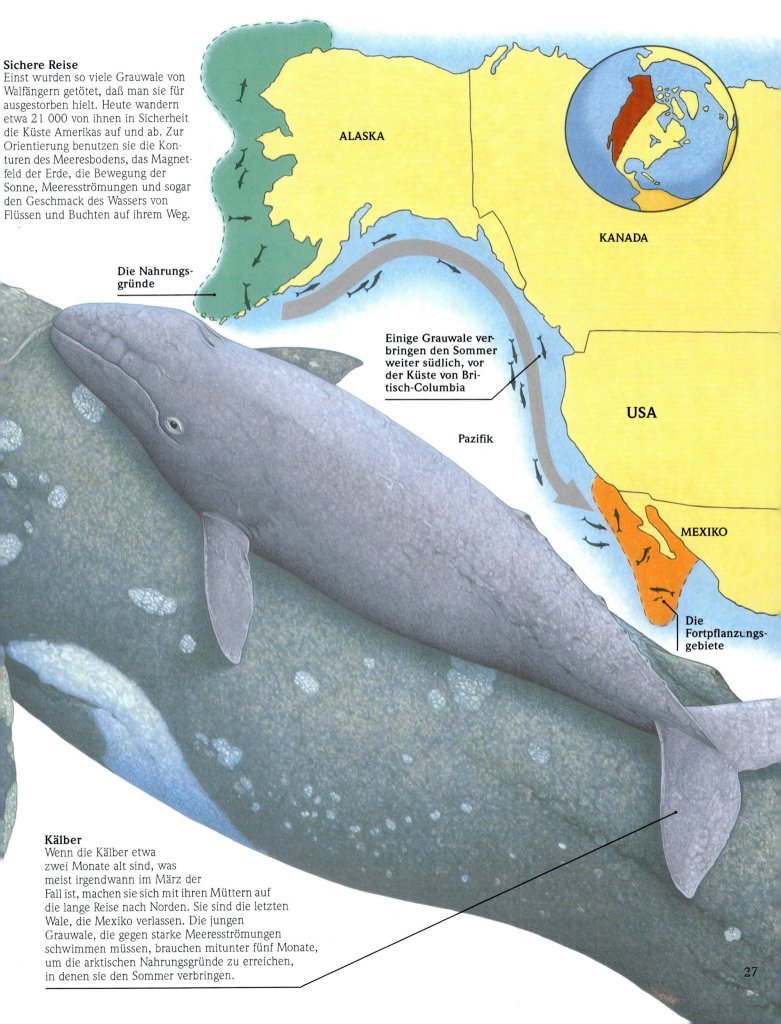

Sichere Reise

Einst wurden so viele Grauwale von
Walfängern getötet, daß man sie für
ausgestorben hielt. Heute wandern
etwa 21 000 von ihnen in Sicherheit
die Küste Amerikas auf und ab. Zur
Orientierung benutzen sie die Kon-
turen des Meeresbodens, das Magnetfeld der Erde, die Bewegung der
Sonne, Meeresströmungen und sogar
den Geschmack des Wassers von
Flüssen und Buchten auf ihrem Weg.

**Die Nahrungs-
gründe**

ALASKA

KANADA

**Einige Grauwale ver-
bringen den Sommer
weiter südlich, vor
der Küste von Bri-
tisch-Columbia**

USA

Pazifik

MEXIKO

**Die
Fortpflanzungs-
gebiete**

Kälber

Wenn die Kälber etwa
zwei Monate alt sind, was
meist irgendwann im März der
Fall ist, machen sie sich mit ihren Müttern auf
die lange Reise nach Norden. Sie sind die letzten
Wale, die Mexiko verlassen. Die jungen
Grauwale, die gegen starke Meeresströmungen
schwimmen müssen, brauchen mitunter fünf Monate,
um die arktischen Nahrungsgründe zu erreichen,
in denen sie den Sommer verbringen.

27

ZUSAMMENLEBEN

Die meisten Wale und Delphine sind nicht gerne allein. Einige Arten lieben die Gemeinschaft so sehr, daß sie sich zu Schulen zusammenschließen, die aus mehreren tausend Tieren bestehen können. Wenn Haie oder Schwertwale auftauchen, ist es oft sicherer, in solchen „Banden" zu reisen, und außerdem findet man leichter Nahrung, wenn alle zusammen suchen. Die Größe der Schulen hängt von der Art der Tiere, ihrem Lebensraum und mitunter sogar von der Tageszeit ab.

Die Mitglieder einer Gruppe passen gewöhnlich aufeinander auf. Sie warnen einander vor nahender Gefahr, tragen verletzte Tiere zur Wasseroberfläche und versuchen zu helfen, wenn ein Artgenosse in Schwierigkeiten ist. Wie auch in menschlichen Gesellschaften gibt es von Zeit zu Zeit Zank und Streit. Die Männchen kämpfen um die Weibchen. Außerdem hat jede Gruppe eine strenge „Hackordnung". Um festzulegen, wer der „Boß" ist, verfolgen sich die Tiere, rammen, beißen und schlagen sich gegenseitig mit den Flosse

Familiengruppen
Wale und Delphine, die zusammen leben, sind oft nahe mit den Kindern, Eltern, Großeltern, Tanten und Onkeln ihrer Gruppe verwandt. Mitunter finden sich aber auch Nichtverwandte zusammen.

Belugas oder Weißwale
Im Sommer treffen sich mehr als 1000 Belugas oder Weißwale in bevorzugten Gebieten. Auch in solch großen Gruppen bleiben Mutter und Kalb Seite an Seite. Zwillinge werden sehr selten geboren. Geschieht es doch, hat die Mutter meist nicht genug Milch, um beide am Leben zu halten.

Eine Schule von Großen Tümmlern

Grindwale können mehr als 6 m lang werden

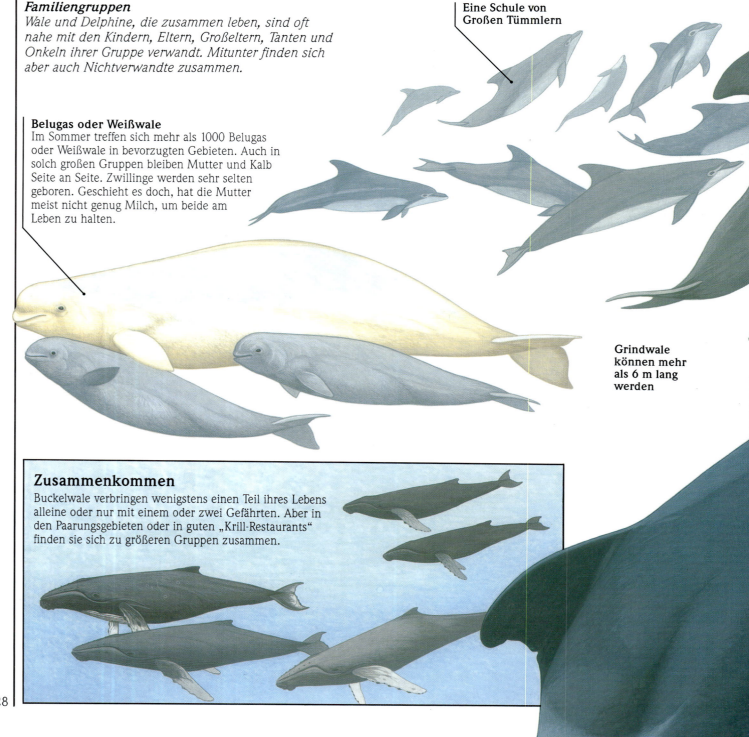

Zusammenkommen
Buckelwale verbringen wenigstens einen Teil ihres Lebens alleine oder nur mit einem oder zwei Gefährten. Aber in den Paarungsgebieten oder in guten „Krill-Restaurants" finden sie sich zu größeren Gruppen zusammen.

Altwerden

Wenn wir alt werden, wird unsere Haut runzelig. Grauwale dagegen werden mit Falten geboren, die mit den Jahren langsam verschwinden. Die Jungen unterscheiden sich erheblich von ihren Eltern. Sie sind viel dunkler und die Oberfläche der Haut ist glatt, während die der Erwachsenen durch Seepocken und Narben rauh ist.

Die weißen, gelben oder orangefarbenen Flecken auf der Haut älterer Tiere werden durch Walläuse verursacht

Ein Freund in Not

Diese beiden Großen Tümmler tragen einen verletzten Kumpan zur Oberfläche empor, damit er atmen kann. Wenn es sein muß, werden sie sich stunden- oder sogar tagelang um ihn kümmern. Viele Geschichten berichten, daß sie Menschen auf dieselbe Weise geholfen haben, doch niemand weiß genau, ob dies ein Akt von Freundlichkeit ist. Vielleicht liegt einfach eine Verwechslung vor.

Aneinanderkleben

Die stärkste Bindung, die es gibt, ist die zwischen Mutter und Kind. Wal- und Delphinbabies schwimmen oft so dicht neben ihrer Mutter, daß die beiden Tiere so aussehen, als wenn sie zuammengeklebt wären.

Kopf an Kopf

Einige Wale und Delphine zeigen einander ihre Zuneigung auf eine eigenartige Weise. Wenn Männchen und Weibchen des Kurzflossen-Grindwals umeinander werben, stoßen sie wahrscheinlich unter Wasser mit ihren Köpfen zusammen. Diese heftigen Stöße müssen ziemlich schmerzhaft sein.

EIN FECHTTURNIER

In den kalten, tiefen Gewässern der nördlichen Arktis kann man mitunter merkwürdige Objekte sehen, die über der Wasseroberfläche erscheinen. Sie gleichen knorrigen Spazierstöcken und können bis zu 3 m lang sein. Sie gehören Narwalen, mittelgroßen Cetaceen, die viel weiter nördlich als alle anderen Wale leben. Nur männliche Narwale tragen diese erstaunlichen „Stoßzähne". Es sind echte Zähne, die so gewachsen sind, daß man sie kaum als solche wiedererkennen kann.

Alle Narwale haben zwei Zähne, die im Oberkiefer sitzen. Beim Weibchen sind sie unsichtbar, weil sie, ähnlich wie bei einem menschlichen Baby, im Zahnfleisch verborgen bleiben. Beim Männchen bleibt nur einer – und zwar immer der rechte – sichtbar. Wenn das Tier etwa ein Jahr alt ist, entwickelt sich der linke. Er wächst und wächst, durchstößt die Oberlippe und wird langsam zu dem schönen Stoßzahn, der diesen auffallenden Wal so berühmt gemacht hat.

Schwertkampf!
Oft fechten Narwale mit ihren Stoßzähnen Zweikämpfe aus. Sie liegen an der Wasseroberfläche und schlagen sie leicht gegeneinander, als ob sie sich für ein Turnier aufwärmen würden. Möglicherweise benutzen sie die Stoßzähne in derselben Art wie der Hirsch sein Geweih: als ein Zeichen von Kraft und Stärke und um im Kampf um Weibchen zu imponieren.

Narwale werden bis zu 5 m lang

Wozu ist ein Stoßzahn gut?
Die Bedeutung des Stoßzahns des Narwals hat Wissenschaftler jahrelang vor ein Rätsel gestellt. Es gibt viele Theorien darüber, wozu er nütze sein könnte, aber niemand weiß es genau. Eine der unwahrscheinlichsten behauptet, er würde als Harpune benutzt, um Fische zu speeren. Andere, die wahrscheinlicher sind, werden auf diesen beiden Seiten vorgestellt.

Fabelwesen
Nur die Männchen tragen den Stoßzahn. Wenn früher ein Narwalstoßzahn angespült wurde, glaubten die Menschen, er stamme von einem Einhorn, einem pferdeähnlichen Lebewesen, das in der Mitte seines Kopfes ein Horn tragen soll.

Nach Futter graben
Tiefseetaucher, die an Ölplattformen arbeiteten, haben männliche Narwale gesehen, die mit ihren Stoßzähnen im Meeresboden herumwühlten. Manche glauben, daß sie Beute aufstöberten, und das könnte wahr sein. Aber es ist unwahrscheinlich, daß dies ihr Hauptnutzen ist, da die Weibchen ohne Stoßzähne genauso gut Nahrung finden können.

Narwale tauchen sehr tief und ernähren sich von Tintenfischen, Krabben, Garnelen und Fischen

Polardorsch

Schwarzer Heilbutt

Platz zum Atmen
Bei kaltem Wetter kommt es vor, daß Narwale unter dem Eis gefangen werden. Wenn sie nicht in der Nähe ein Atemloch finden oder sich ein neues schaffen, ertrinken sie. Beim Durchstoßen von Eis bis zu 18 cm Dicke gehen sie mit ihrem Stoßzahn vorsichtig um und benutzen statt dessen lieber ihre Stirn.

Streit im Eis
Es wurde beobachtet, daß sich Narwale und Walrosse streiten, wenn stets offene Atemlöcher knapp werden. Walrosse können größere Tiere, wie Robben, töten, und man weiß, daß sie Narwale fressen. Einige Fachleute glauben, daß die Wale dann ihre Stoßzähne benutzen, um sich zu verteidigen.

Es scheint, als ob diese kämpfenden Wale spielen, aber das „Spiel" ist Ernst

Doppelt bezahnt
Einige wenige Narwalmännchen tragen zwei Stoßzähne. Beide sind gerade und gegen den Uhrzeigersinn gewunden. Der „zusätzliche" rechte Stoßzahn ist meist kürzer als der linke. Bei vielen Männchen sind die Stoßzähne abgebrochen und oft übel zerkratzt.

Seltsame Zähne
Das Männchen des Layard's-Schabelwals hat nur zwei Zähne. Diese wachsen aus dem Unterkiefer heraus und über den Oberkiefer aufwärts und nach hinten. Bei älteren Tieren können sie eine Länge von mehr als 30 cm erreichen und in der Mitte zusammenstoßen. Wie ein Maulkorb verhindern sie dann, daß das Tier sein Maul richtig öffnen kann. Indem sie ihre Schnauzen wie Staubsauger benutzen, schaffen sie es erstaunlicherweise trotzdem noch, ihre Lieblingsbeute, Tintenfisch, zu fangen.

Viele männliche Layard's-Schnabelwale haben Schnitte und Kratzer auf ihren Köpfen, die vermutlich von Rivalen stammen

Der maulkorb-ähnliche Zahn

KINDHEIT

Bei der Geburt erlebt ein Wal oder Delphin den größten Schock seines Lebens. Nachdem er etliche Monate in der Wärme und Sicherheit des Mutterleibes verbracht hat, wird er plötzlich in eine neue Heimat gestoßen, die sehr kalt und naß ist. In dieser ziemlich feindlichen Umgebung, kann er nicht atmen, und beginnt sofort, abzusinken. Aber das Baby ist in keiner Gefahr, da die Mutter oder ein anderes Mitglied der Gruppe ihm in diesen ersten, verwirrenden Momenten seines Lebens helfen. In der

freien Wildbahn konnten bisher nur wenige Geburten beobachtet werden, aber es scheint, daß Wale und Delphine (anders als die meisten anderen Säugetiere) normalerweise nur ein Baby zur Zeit bekommen. Die Erwachsenen sind geduldig und verständnisvoll, wenn ein Jungtier verspielt ist oder nur Unfug im Kopf hat. Sie schützen es vor Raubtieren, und, wenn es älter wird, zeigen sie ihm, wie man zu Futter kommt. Aber es dauert Monate, mitunter auch Jahre, bevor das Jungtier für sich selbst sorgen kann.

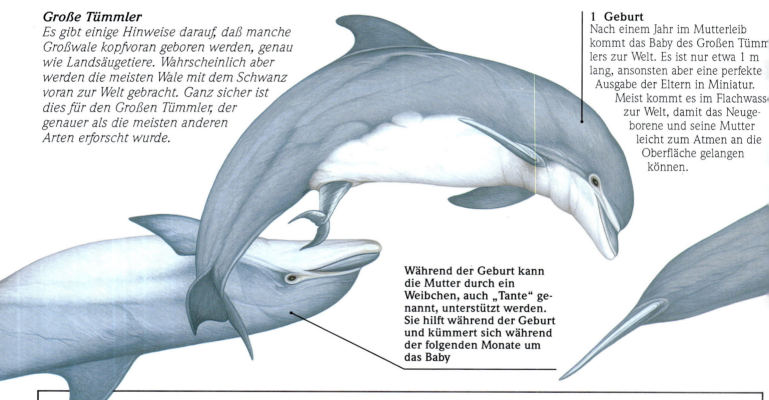

Große Tümmler
Es gibt einige Hinweise darauf, daß manche Großwale kopfvoran geboren werden, genau wie Landsäugetiere. Wahrscheinlich aber werden die meisten Wale mit dem Schwanz voran zur Welt gebracht. Ganz sicher ist dies für den Großen Tümmler, der genauer als die meisten anderen Arten erforscht wurde.

1 Geburt
Nach einem Jahr im Mutterleib kommt das Baby des Großen Tümmlers zur Welt. Es ist nur etwa 1 m lang, ansonsten aber eine perfekte Ausgabe der Eltern in Miniatur. Meist kommt es im Flachwasser zur Welt, damit das Neugeborene und seine Mutter leicht zum Atmen an die Oberfläche gelangen können.

Während der Geburt kann die Mutter durch ein Weibchen, auch „Tante" genannt, unterstützt werden. Sie hilft während der Geburt und kümmert sich während der folgenden Monate um das Baby

Im Mutterleib
Wachstum und Entwicklung junger Wale und Delphine ähnelt sehr der menschlicher Babies. Während aber ein Menschenkind nach nur neun Monaten geboren wird, verbleiben Cetaceen viel länger im Mutterleib – bis zu 12 Monate bei Bartenwalen und bis zu 18 Monate bei einigen Zahnwalen. Wale und Delphine müssen mit erstaunlicher Geschwindigkeit wachsen. Ein Blauwalkalb z. B. erreicht schon nach einem Jahr eine Länge von 7 m. Dieser sieben Wochen alte Embryo eines Weißseitendelphins hat schon einen kleinen Schwanz und seine Flipper haben angefangen, sich zu formen. Das ungeborene menschliche Baby ist ebenfalls sieben Wochen alt und nur ein bißchen größer als 10 mm. Trotzdem kann es schon seine Ellenbogen beugen und die Hände bewegen.

Der sieben Wochen alte Embryo eines Weißseitendelphins

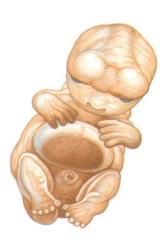

Der sieben Wochen alte Embryo eines Menschen

Wachstumsringe

Das Alter eines Wals oder Delphins zu bestimmen, ist sehr schwer. Bei vielen Arten erlauben die Zähne annähernd genaue Schätzungen. Wenn man einen Zahn halbiert, kann man in seiner Mitte mehrere Lagen unterschiedlicher Schichten feststellen, ähnlich wie die Jahresringe von Bäumen. Ganz allgemein gesagt, entspricht eine komplette Schicht im Zahn einem Jahresring beim Baum – und damit einem Jahr. Dieser Pottwalzahn zeigt 23 enge und 23 breite Bänder – das heißt, daß sein Besitzer 23 Jahre alt war.

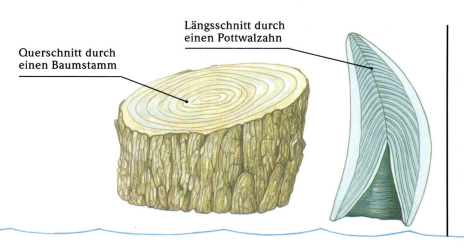

Querschnitt durch einen Baumstamm

Längsschnitt durch einen Pottwalzahn

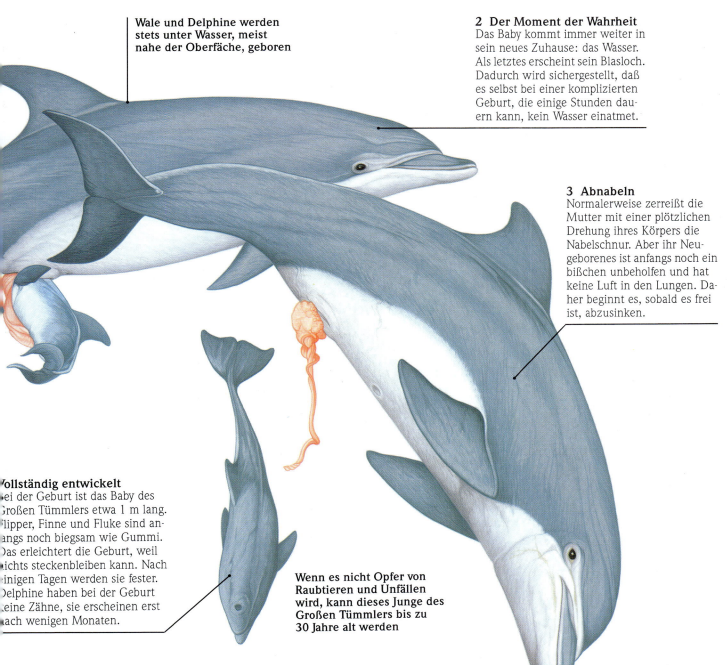

Wale und Delphine werden stets unter Wasser, meist nahe der Oberfäche, geboren

2 Der Moment der Wahrheit
Das Baby kommt immer weiter in sein neues Zuhause: das Wasser. Als letztes erscheint sein Blasloch. Dadurch wird sichergestellt, daß es selbst bei einer komplizierten Geburt, die einige Stunden dauern kann, kein Wasser einatmet.

3 Abnabeln
Normalerweise zerreißt die Mutter mit einer plötzlichen Drehung ihres Körpers die Nabelschnur. Aber ihr Neugeborenes ist anfangs noch ein bißchen unbeholfen und hat keine Luft in den Lungen. Daher beginnt es, sobald es frei ist, abzusinken.

Vollständig entwickelt
Bei der Geburt ist das Baby des Großen Tümmlers etwa 1 m lang. Flipper, Finne und Fluke sind anfangs noch biegsam wie Gummi. Das erleichtert die Geburt, weil nichts steckenbleiben kann. Nach einigen Tagen werden sie fester. Delphine haben bei der Geburt keine Zähne, sie erscheinen erst nach wenigen Monaten.

Wenn es nicht Opfer von Raubtieren und Unfällen wird, kann dieses Junge des Großen Tümmlers bis zu 30 Jahre alt werden

Besorgte Mütter

Delphinmütter machen viel Aufhebens um ihre Babys und lassen sie Tag und Nacht nicht aus den Augen. Auch die anderen Mitglieder der Schule haben eine unerschöpfliche Geduld mit den ausgelassenen Jungtieren, die sie mit den Köpfen stoßen, schubsen und herumjagen, genauso wie es unerzogene Kinder tun. Die Bindung zwischen Mutter und Kind ist unglaublich stark. Ihre Bewegungen sind perfekt aufeinander abgestimmt. Wenn sie wendet, wendet auch das Baby, wenn sie taucht, tut das Baby dasselbe, und wenn sie an die Oberfläche kommt, um zu atmen, macht das Junge das gleiche.

5 Der erste Atemzug
Wenn alles glatt geht, wird das Junge nicht versuchen, unter Wasser zu atmen. Falls es das täte, würden sich seine Lungen mit Wasser füllen, und es müßte ertrinken. Sobald es aber an die Oberfläche kommt, öffnet sich sein Blasloch automatisch, und es kann sicher den ersten Atemzug seines Lebens tun

Nicht der Vater, sondern ein weiblicher Delphin hilft mitunter dem Baby an die Oberfläche. Die Männchen haben wenig oder nichts mit der Aufzucht ihrer Jungen zu tun

4 An die Oberfläche
Die Mutter und ein Helfer stehen bereit, um dem Neugeborenen zu helfen. Schon wenige Sekunden nach der Geburt wird das Kalb zum Atmen an die Wasseroberfläche geschubst. Es wird schnell sicherer und kann etwa eine halbe Stunde nach der Geburt „auf eigenen Flossen" herumschwimmen.

Haiangriff
Während sie Junge aufziehen, dulden nur wenige Delphine Haie in ihrer Nähe. Einige Arten sind für die Entschlossenheit bekannt, mit der sie Angreifer in die Flucht schlagen. Dieser Große Tümmler tötet einen Weißspitzenriffhai durch einen Rammstoß in dessen weichen Bauch.

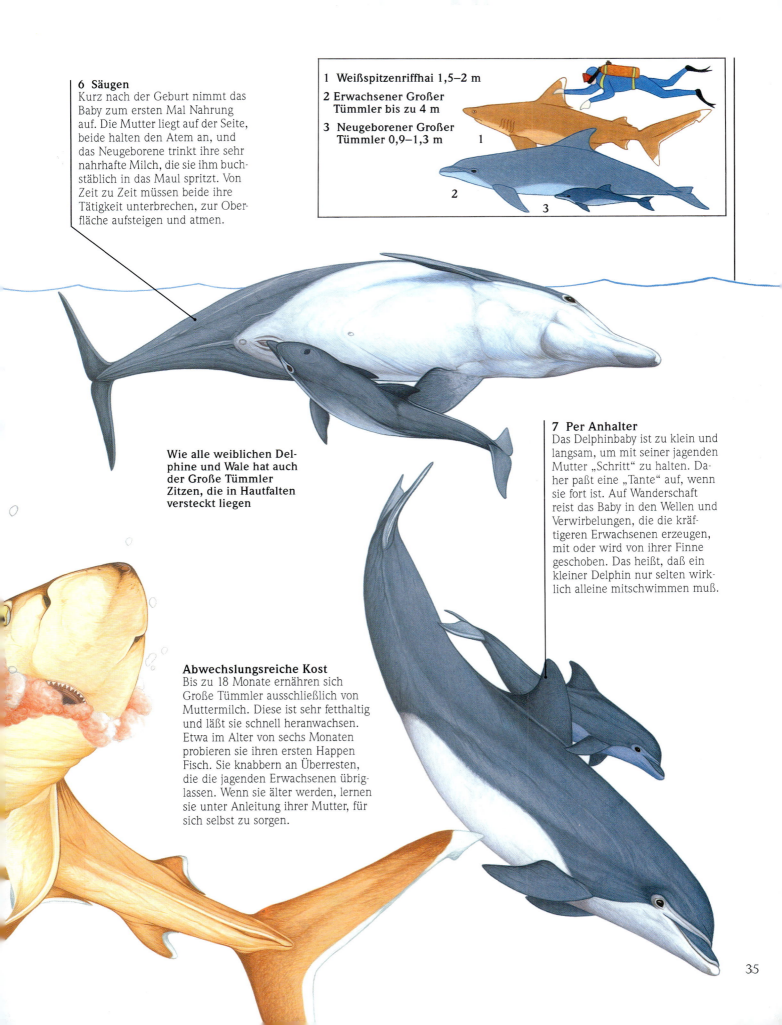

6 Säugen
Kurz nach der Geburt nimmt das Baby zum ersten Mal Nahrung auf. Die Mutter liegt auf der Seite, beide halten den Atem an, und das Neugeborene trinkt ihre sehr nahrhafte Milch, die sie ihm buchstäblich in das Maul spritzt. Von Zeit zu Zeit müssen beide ihre Tätigkeit unterbrechen, zur Oberfläche aufsteigen und atmen.

1 Weißspitzenriffhai 1,5–2 m

2 Erwachsener Großer Tümmler bis zu 4 m

3 Neugeborener Großer Tümmler 0,9–1,3 m

Wie alle weiblichen Delphine und Wale hat auch der Große Tümmler Zitzen, die in Hautfalten versteckt liegen

7 Per Anhalter
Das Delphinbaby ist zu klein und langsam, um mit seiner jagenden Mutter „Schritt" zu halten. Daher paßt eine „Tante" auf, wenn sie fort ist. Auf Wanderschaft reist das Baby in den Wellen und Verwirbelungen, die die kräftigeren Erwachsenen erzeugen, mit oder wird von ihrer Finne geschoben. Das heißt, daß ein kleiner Delphin nur selten wirklich alleine mitschwimmen muß.

Abwechslungsreiche Kost
Bis zu 18 Monate ernähren sich Große Tümmler ausschließlich von Muttermilch. Diese ist sehr fetthaltig und läßt sie schnell heranwachsen. Etwa im Alter von sechs Monaten probieren sie ihren ersten Happen Fisch. Sie knabbern an Überresten, die die jagenden Erwachsenen übriglassen. Wenn sie älter werden, lernen sie unter Anleitung ihrer Mutter, für sich selbst zu sorgen.

ANGRIFF UND VERTEIDIGUNG

Es kann gefährlich sein, im Meer zu schwimmen. Die größte Gefahr für Wale und Delphine ist der Mensch, aber es gibt noch einige andere gefährliche Lebewesen, denen sie aus dem Wege gehen sollten. Zwergschwertwale und Unechte Schwertwale, aber auch Grindwale fressen mitunter die kleineren Walarten. Es gibt sogar Berichte über Delphine, die von Kraken ertränkt wurden, die ihnen das Blasloch verstopften, während sie von ihnen angegriffen wurden. Normalerweise passiert den großen Walen weniger, sie können sich besser verteidigen. Zwei Feinden allerdings

weichen große wie kleine Wale nach Kräften aus: Haien und Schwertwalen.

Kein Lebewesen im Meer ist vor Angriffen der Schwertwale sicher, aber Delphine, die von ihnen wie Schafe zu dichten Gruppen zusammengetrieben werden, stellen eine besonders leichte Beute dar. Wenn große Walen angegriffen werden, verteidigen sie sich mit wilden Schlägen der Fluke oder der Flipper. Mit einem einzigen Schwanzschlag schaffte es ein Glattwal, einen Schwertwal 10 m hoch in die Luft zu werden.

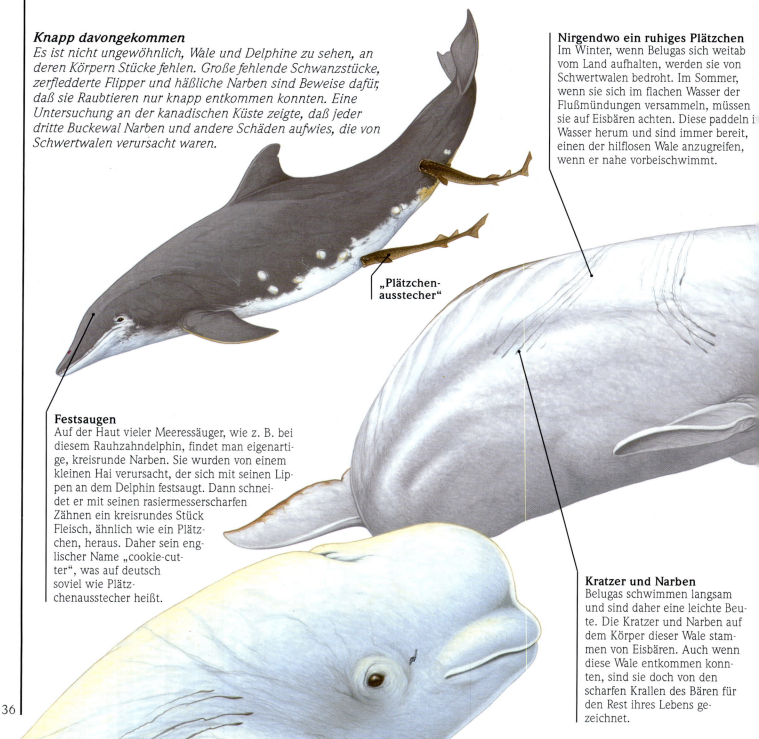

Knapp davongekommen
Es ist nicht ungewöhnlich, Wale und Delphine zu sehen, an deren Körpern Stücke fehlen. Große fehlende Schwanzstücke, zerfledderte Flipper und häßliche Narben sind Beweise dafür, daß sie Raubtieren nur knapp entkommen konnten. Eine Untersuchung an der kanadischen Küste zeigte, daß jeder dritte Buckewal Narben und andere Schäden aufwies, die von Schwertwalen verursacht waren.

"Plätzchen-
ausstecher"

Festsaugen
Auf der Haut vieler Meeressäuger, wie z. B. bei diesem Rauhzahndelphin, findet man eigenartige, kreisrunde Narben. Sie wurden von einem kleinen Hai verursacht, der sich mit seinen Lippen an dem Delphin festsaugt. Dann schneidet er mit seinen rasiermesserscharfen Zähnen ein kreisrundes Stück Fleisch, ähnlich wie ein Plätzchen, heraus. Daher sein englischer Name „cookie-cutter", was auf deutsch soviel wie Plätzchenausstecher heißt.

Nirgendwo ein ruhiges Plätzchen
Im Winter, wenn Belugas sich weitab vom Land aufhalten, werden sie von Schwertwalen bedroht. Im Sommer, wenn sie sich im flachen Wasser der Flußmündungen versammeln, müssen sie auf Eisbären achten. Diese paddeln i Wasser herum und sind immer bereit, einen der hilflosen Wale anzugreifen, wenn er nahe vorbeischwimmt.

Kratzer und Narben
Belugas schwimmen langsam und sind daher eine leichte Beute. Die Kratzer und Narben auf dem Körper dieser Wale stammen von Eisbären. Auch wenn diese Wale entkommen konnten, sind sie doch von den scharfen Krallen des Bären für den Rest ihres Lebens gezeichnet.

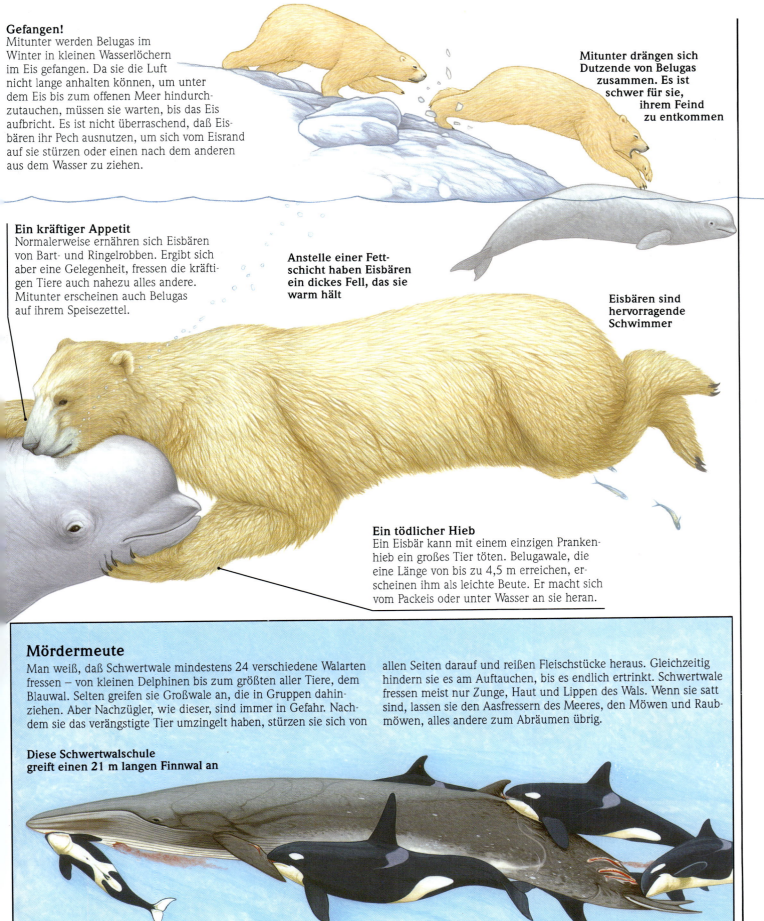

Gefangen!

Mitunter werden Belugas im Winter in kleinen Wasserlöchern im Eis gefangen. Da sie die Luft nicht lange anhalten können, um unter dem Eis bis zum offenen Meer hindurchzutauchen, müssen sie warten, bis das Eis aufbricht. Es ist nicht überraschend, daß Eisbären ihr Pech ausnutzen, um sich vom Eisrand auf sie stürzen oder einen nach dem anderen aus dem Wasser zu ziehen.

Mitunter drängen sich Dutzende von Belugas zusammen. Es ist schwer für sie, ihrem Feind zu entkommen

Ein kräftiger Appetit

Normalerweise ernähren sich Eisbären von Bart- und Ringelrobben. Ergibt sich aber eine Gelegenheit, fressen die kräftigen Tiere auch nahezu alles andere. Mitunter erscheinen auch Belugas auf ihrem Speisezettel.

Anstelle einer Fettschicht haben Eisbären ein dickes Fell, das sie warm hält

Eisbären sind hervorragende Schwimmer

Ein tödlicher Hieb

Ein Eisbär kann mit einem einzigen Prankenhieb ein großes Tier töten. Belugawale, die eine Länge von bis zu 4,5 m erreichen, erscheinen ihm als leichte Beute. Er macht sich vom Packeis oder unter Wasser an sie heran.

Mördermeute

Man weiß, daß Schwertwale mindestens 24 verschiedene Walarten fressen – von kleinen Delphinen bis zum größten aller Tiere, dem Blauwal. Selten greifen sie Großwale an, die in Gruppen dahinziehen. Aber Nachzügler, wie dieser, sind immer in Gefahr. Nachdem sie das verängstigte Tier umzingelt haben, stürzen sie sich von allen Seiten darauf und reißen Fleischstücke heraus. Gleichzeitig hindern sie es am Auftauchen, bis es endlich ertrinkt. Schwertwale fressen meist nur Zunge, Haut und Lippen des Wals. Wenn sie satt sind, lassen sie den Aasfressern des Meeres, den Möwen und Raubmöwen, alles andere zum Abräumen übrig.

Diese Schwertwalschule greift einen 21 m langen Finnwal an

ERWACHSEN WERDEN

Ein Wal- oder Delphinweibchen arbeitet hart. Von dem Moment an, in dem es alt genug ist, um sich fortzupflanzen, bis zu dem Moment, in dem es stirbt, trägt es entweder ein Baby oder hat ein Kalb an der Seite. Bei einigen Arten sind die Babies bei der Geburt beinahe halb so groß wie die Mütter. Und dann, bevor das Jungtier in der kalten und gefährlichen Unterwasserwelt auf sich selbst gestellt überleben kann, muß es monatelang – oder gar jahrelang – gefüttert und behütet werden.

Nur bei wenigen Arten können sich die Weibchen im Alter ausruhen. Aber, wie immer, gibt es eine Ausnahme. Weibliche Grindwale leben noch lange, nachdem sie ihr letztes Kalb geboren haben, und werden von den anderen Gruppenmitgliedern respektiert, genau wie dies in manchen menschlichen Gesellschaften der Fall ist. Aber auch sie müssen sich nützlich machen, bei der Aufzucht der Jungen helfen und ihre Kenntnisse und Erfahrungen an andere Gruppenmitglieder weitergeben.

Wie die Eltern, so die Kinder
Viele Arten gebären Miniversionen von sich selbst. Neugeborene Weißseitendelphine, Große Tümmler und Gewöhnliche Delphine beispielsweise gleichen den Erwachsenen – sie sind nur kleiner und weniger gut erzogen. Auch die Babies der Blauwale sehen aus wie ihre Eltern. Sie haben genau dieselbe Form und die blaugraue Farbe. Abgesehen von der Größe kann man sie kaum auseinanderhalten.

Nach zehn Monaten im Mutterleib wiegt ein Blauwalbaby etwa eine halbe Tonne

Neugeboren
In den zwei Monaten vor der Geburt nimmt das Blauwalbaby an Gewicht noch einmal zwei Tonnen zu. Damit wächst es im Mutterleib rund 1000mal schneller als ein menschliches Baby. Das Neugeborene ist 6 bis 7 m lang und eine beinahe exakte Kopie seiner Eltern.

Zwei Monate alt
Die Walmutter widmet sich ihrem Kalb voller Fürsorge und Aufmerksamkeit. Das Kalb trinkt pro Tag rund 200 Liter der nahrhaften Muttermilch. Es wächst mit erstaunlicher Geschwindigkeit und nimmt pro Stunde bis zu 4 kg zu.

Sieben Monate alt
Nach sieben Monaten erreicht der Wal eine Länge von 15 m, etwa die halbe Größer seiner Mutter. Die Milchversorgung wird nun knapper, daher muß er selbständig werden. Dies geschieht in den Weidegründen, wo der junge Wal soviel fressen kann, wie er braucht.

Nachdem der junge Wal beginnt, sich selbst Futter zu suchen, werden noch neun oder zehn Jahre vergehen, bevor er fortpflanzungsfähig ist. Er wird dann 19–24 m lang sein

1 Erwachsener Blauwal, Männchen: 25 m, Weibchen 26 m
2 Neugeborener Blauwal 6–7 m

Giganten der Natur

Erst im Alter von 25–30 Jahren hören Blauwale auf zu wachsen. Bei gleichem Alter sind die Weibchen etwas größer als die Männchen. Das größte, von dem je berichtet wurde, hatte die unglaubliche Länge von 33,58 m. Der Durchschnitt aber liegt bei 26 m.

Veränderungen mit zunehmendem Alter

Bei einigen Arten, so z. B. den Belugas, den Gefleckten Delphinen und den Atlantischen Weißseitendelphinen, gleichen die Jungtiere nicht ihren Eltern. Einige von ihnen haben bei der Geburt eine andere Farbe, andere eine unterschiedliche Gestalt. Mit zunehmendem Alter werden sie den Erwachsenen langsam ähnlicher.

Gefleckt?

Der Gefleckte Delphin wird ohne Flecken geboren. Wenn er älter wird, erscheinen sie erst auf Kopf und Bauch, dann langsam auch auf dem Rest des Körpers. Je älter er wird, desto größer und zahlreicher werden die Flecken.

Wenn ein Gefleckter Delphin älter wird, wird seine helle und dunkle Färbung immer deutlicher

Der Buckel wächst

Der Atlantische Buckeldelphin ist an seinem kleinen kamelähnlichen Buckel auf der Mitte seines Rückens zu erkennen. Junge Kälber haben keinen und gleichen eher anderen Delphinarten.

39

BEIM SPIEL

Es ist unmöglich, von der Neugier und Verspieltheit der Wale und Delphine nicht fasziniert zu sein. Sie stecken voll Lebenslust. Sie jagen sich, springen in die Luft, spritzen mit Fluke und Flipper, rollen herum und spielen mit Gegenständen im Wasser. Manchmal schwimmen sie in Paaren, wobei sie sich mit den Flippern berühren, als ob sie Händchen hielten.

Einige, wie der Große Tümmler, „gehen" sogar auf ihrem Schwanz, indem sie kräftig mit der Fluke schlagen und so ihren Körper für einige Sekunden über die Wellen heben. Sie scheinen Spaß daran zu haben, sich gegenseitig herauszufordern und, wenn jemand zuschaut, anzugeben. Aber das Spiel ist nicht nur Spaß, sondern auch nützlich. Es ermutigt die Mitglieder der Schule, sich gegenseitig kennen-zulernen, was bei der gemeinschaftlichen Jagd oder bei der Abwehr von Feinden wichtig sein kann. Zudem hilt es Jungtieren, Fähigkeiten zu erlernen, die sie später im Leben brauchen.

Fang!
Oft spielen Delphine. Sie suchen sich ihr Spielzeug selbst – Dinge, die an der Wasseroberfläche schwimmen oder am Meeresgrund liegen. Sie werfen es in die Luft, tragen es in ihrem Maul herum, balancieren es auf den Flippern oder werfen es sich zu.

Ein einfaches Stück Tang, ein kleiner Stein oder ein toter Fisch kann Delphine stundenlang beschäftigen

Ein Spinnerdelphin läßt ein Stück Schwarzer Koralle fallen, damit ein anderer es fängt

Bugwellenreiten
Viele Wale und Delphine, so wie diese Süddelphine, reiten gerne auf der Bugwelle von Booten und Schiffen. Wenn sie eine Maschine surren oder eine Yacht auf dem Wasser gleiten hören, schwimmen sie so schnell, wie sie können, herbei.

Auf der Suche nach Gesellschaft
Süddelphine kommen nur in den Küstengewässern des süd-lichen Südamerikas und vor den Falkland-Inseln im Atlan-tik vor. Man weiß wenig über sie, aber es sind freundliche, kleine Tiere, die gerne dicht neben Schiffen schwimmen.

Freundliche Delphine

Einige Delphine schätzen die Gesellschaft von Menschen und anderen Tieren. Man spricht dann von „freundlichen Delphinen". Mitunter kommen sie Tag für Tag zur selben Stelle, um zu spielen oder sich kitzeln zu lassen. Einige suchen besonders gerne Kinder auf, obwohl Erwachsene sich auch gerne an diesen Spielen beteiligen dürfen. Andere erlauben ihren menschlichen Freunden, sich an ihrer Finne festzuhalten, um so per Anhalter unter Wasser voranzukommen. Dieser Große Tümmler spielt mit Galapagos-Seelöwen.

Der andere Seelöwe zwickt den Delphin spielerisch in den Schwanz

Einer der Seelöwen spielt mit einem Stück Tang Tauziehen

Wenn ein Boot durch das Wasser gleitet, kommen Delphine zum Spielen

1 Galapagos-Seelöwe bis zu 2,2 m
2 Großer Tümmler bis zu 3,9 m
3 Süd-delphin bis zu 2,2 m
4 Spinnerdelphin bis zu 2,1 m

Auf der Suche nach Abenteuern
Einige Wale und Delphine mögen kleine Schiffe lieber als große, weil sie hier die Menschen an Bord naßspritzen können. Andere aber langweilen sich, wenn ein Boot zu langsam ist, und schwimmen dann auf der Suche nach einem aufregenderem Zeitvertreib weg.

Eine Show abziehen
Wenn Delphine ein Schiff erreichen, beginnen sie mit einer beeindruckenden akrobatischen Vorstellung. Sie springen in die Luft, drehen und wenden sich. Dann kommen sie längsseits oder schwimmen herumspritzend in ausgelassenem Zick-Zack vor dem Bug. Manchmal begleiten sie das Boot eine Stunde lang, bevor sie der Sache müde werden und genauso plötzlich verschwinden, wie sie gekommen sind.

SCHWEINSWALE

Manche Delphine sind geborene Angeber. Sie lieben es, alle Aufmerksamkeit auf sich zu ziehen, indem sie hoch in die Luft springen und neben oder in der Bugwelle von Schiffen schwimmen. Sie genießen die Gesellschaft anderer und leben in Gruppen, die Hunderte oder gar Tausende Tiere umfassen können. Schweinswale unterscheiden sich erheblich von ihnen. Scheu und zurückgezogen leben sie meist unter sich und sind normalerweise schlecht zu beobachten. Sie springen selten aus dem Wasser und leben alleine oder in kleinen Gruppen. Meist sind sie kleiner und pummeliger als Delphine. In der Länge variieren sie zwischen dem nur 1,3 m langen Vaquita und den bis zu 2,2 m langen Brillen- und Dalls-Schweinswalen.

Gefährliches Leben

Schweinswale leben gefährlich. Haie und Schwertwale fressen sie, und viele werden von Fischern gejagt. Aber am gefährlichsten für sie sind Netze, die in vielen Weltmeeren und an zahlreichen Küsten eine häufige und tödliche Gefahr darstellen. Sie lassen sich im Wasser schlecht orten, so daß sich die Schweinswale darin verstricken und ertrinken.

Burmeisters-Schweinswal
Der Burmeisters-Schweinswal wird auch „Schwarzer Schweinswal" genannt, weil er sich wenige Minuten nach dem Tode schwarz verfärbt. Seine Normalfarbe ist dunkelblau oder grau. Seine Finne liegt weiter hinten als bei jedem anderen Delphin oder Schweinswal. Er lebt in Flußmündungen und Küstengewässern des südlichen Südamerikas.

Vaquita oder Golftümmler
Fischer im Golf von Kalifornien kennen diesen kleinen Schweinswal schon lange und nennen ihn „vaquita", was „kleine Kuh" bedeutet. Aber bis zum Jahre 1950 wußte niemand außer ihnen, daß es den Golftümmler gibt. Er wird nicht größer als 1,5 m.

Dalls-Schweinswal
Dieser auffallende Schweinswal ist das einzige Mitglied der Familie, das regelmäßig weit vor der Küste angetroffen wird. Er ist der schnellste Schweinswal und für seine plötzlichen (und meist unerwarteten) Hochgeschwindigkeitssprints bekannt. Er lebt in den kalten Gewässern des Nordpazifiks.

Gewöhnlicher Schweinswal
In europäischen Meeren lebt nur ein Mitglied der Familie, der Gewöhnliche Schweinswal. Dies gedrungene kleine Tier hält sich überall in den kühleren Gewässern der Nordhalbkugel dicht vor der Küste auf. Da es scheu ist, kann man sich ihm nur schwer nähern.

Jacobita oder Commerson-Delphin
Mit schwarzem Kopf und Schwanz, getrennt von einer breiten, weißen Bauchbinde, ist der Jacobita äußerst auffällig gefärbt. Er lebt entlang der atlantischen Küste Südamerikas sowie vor den Kerguelen-Inseln, die zwischen Afrika und der Antarktis liegen.

Brillenschweinswal
Natürlich trägt der Brillenschweinswal keine Brille, sondern lediglich auffällige schwarzen Augenringe, die von weißen Kreisen umgeben sind. Er lebt vor der Atlantikküste Südamerikas, wird bis zu 2,2 m lang und ernährt sich vorwiegend von Fischen und Tintenfischen.

Indischer Schweinswal
Anstelle der Finne besitzt der Indische Schweinswal einen niedrigen Kiel, der von der Mitte seines Rückens bis zum Schwanz verläuft. Er kommt nicht nur in den warmen Küstengewässern Asiens vor, sondern auch im Yangtze-Fluß, wo man ihn oft mehr als 1600 km vom Meer entfernt antrifft.

LEBEN IM FLUSS

Die meisten Wale und Delphine leben im Meer. Aber es gibt eine kleine und eher scheue Gruppe, Flußdelphine genannt, die das Süßwasser bevorzugen. Flußdelphine bewohnen einige der größten und trübsten Flüße Asiens und Südamerikas. Mit einer einzigen Ausnahme (dem La Plata-Delphin) gehen sie nie in das Meer. Mit ihren schlechten Augen, der großen Anzahl spitzer Zähne, den langen schlanken Schnauzen, den kleinen Finnen und der Angewohnheit, auf der Seite oder auf dem Rücken zu schwimmen, sind sie eigenartige Tiere. Sie kommen weit voneinander entfernt vor, sehen sich aber ähnlich und haben sich ihrer Umwelt auf fast gleiche Art und Weise angepaßt. Ihr Verbreitungsgebiet erstreckt sich vom Amazonas in Brasilien über den indischen Subkontinent bis zum Yangtze in China. Sie sind kleine Tiere, die nur selten länger als 3 m werden und in freier Wildbahn schlecht zu beobachten sind.

In aller Stille leidend

Flußdelphine sind die vergessenen Wale. Sie befinden sich aber in erheblich größeren Schwierigkeiten als ihre Verwandten im Meer. Ihre Heimatreviere in den Flüssen werden mit Dämmen verbaut und von Städten und Industrieanlagen, die ihre Abwässer ungeklärt einleiten, verschmutzt. Sie müssen mit Booten um Lebensraum kämpfen, werden wegen ihres Fleisches und Öls gejagt oder einfach „aus Spaß" beschossen. Nicht selten verfangen sie sich auch in Fischernetzen und müssen elendig ertrinken.

Schwarzer Paradiesfisch

Chinesischer Flußdelphin
Der Chinesische Flußdelphin ist eines der seltensten Tiere der Welt. Von der auch Beiji oder Yangtze-Delphin genannten Art dürften weniger als 300 Exemplare übrig sein, die verstreut in einem 1400 km langen Abschnitt des Flusses Yangtze (China) leben.

Ganges-Delphin
Ganges-Delphine werden auch „Susu" genannt, da sie beim Ausatmen ein diesem Wort ähnelndes Geräusch machen. Sie springen oft aus dem Wasser, was für Flußdelphine ungewöhnlich ist. Möglicherweise ist dies ein Alarmsignal, das andere Delphine vor Gefahren warnt.

Indus-Delphin
Im schlammigen Indus (Pakistan) kann man mitunter seltsame graue Gestalten im Kreis herumschwimmen sehen. Es handelt sich dabei um Indus-Delphine oder Indus-Susus, die gerne Loopings schwimmen. Es sind seltene Tiere, von denen höchstens noch 500 überlebt haben.

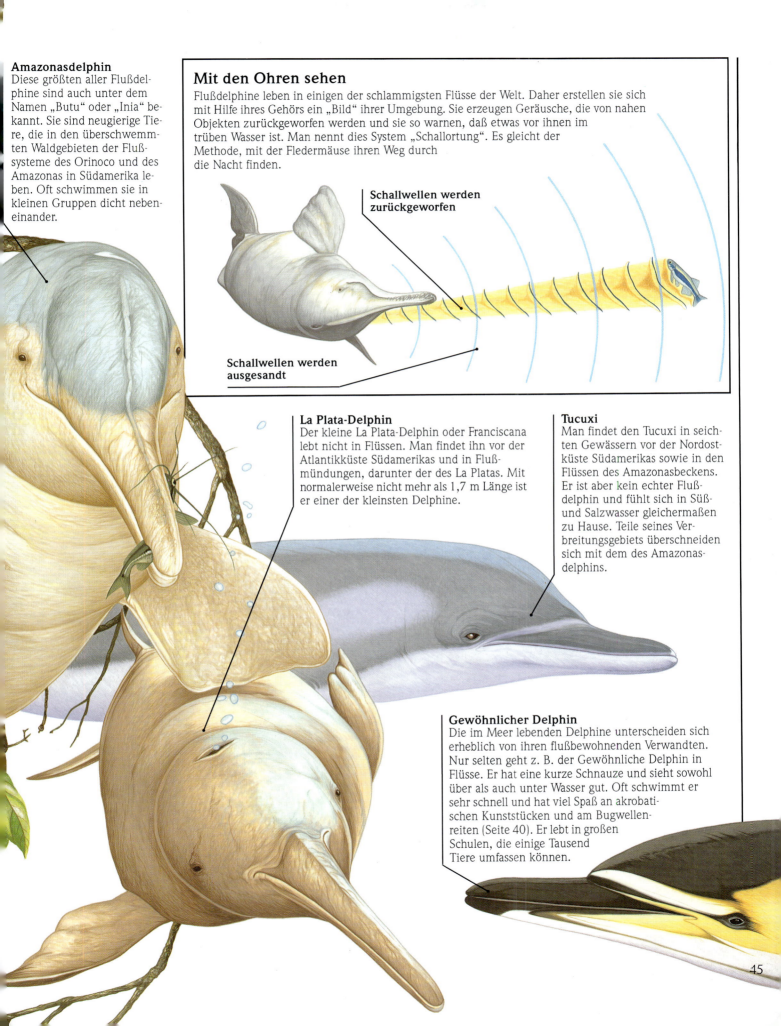

Amazonasdelphin
Diese größten aller Flußdelphine sind auch unter dem Namen „Butu" oder „Inia" bekannt. Sie sind neugierige Tiere, die in den überschwemmten Waldgebieten der Flußsysteme des Orinoco und des Amazonas in Südamerika leben. Oft schwimmen sie in kleinen Gruppen dicht nebeneinander.

Mit den Ohren sehen

Flußdelphine leben in einigen der schlammigsten Flüsse der Welt. Daher erstellen sie sich mit Hilfe ihres Gehörs ein „Bild" ihrer Umgebung. Sie erzeugen Geräusche, die von nahen Objekten zurückgeworfen werden und sie so warnen, daß etwas vor ihnen im trüben Wasser ist. Man nennt dies System „Schallortung". Es gleicht der Methode, mit der Fledermäuse ihren Weg durch die Nacht finden.

Schallwellen werden zurückgeworfen

Schallwellen werden ausgesandt

La Plata-Delphin
Der kleine La Plata-Delphin oder Franciscana lebt nicht in Flüssen. Man findet ihn vor der Atlantikküste Südamerikas und in Flußmündungen, darunter der des La Platas. Mit normalerweise nicht mehr als 1,7 m Länge ist er einer der kleinsten Delphine.

Tucuxi
Man findet den Tucuxi in seichten Gewässern vor der Nordostküste Südamerikas sowie in den Flüssen des Amazonasbeckens. Er ist aber kein echter Flußdelphin und fühlt sich in Süß- und Salzwasser gleichermaßen zu Hause. Teile seines Verbreitungsgebiets überschneiden sich mit dem des Amazonasdelphins.

Gewöhnlicher Delphin
Die im Meer lebenden Delphine unterscheiden sich erheblich von ihren flußbewohnenden Verwandten. Nur selten geht z. B. der Gewöhnliche Delphin in Flüsse. Er hat eine kurze Schnauze und sieht sowohl über als auch unter Wasser gut. Oft schwimmt er sehr schnell und hat viel Spaß an akrobatischen Kunststücken und am Bugwellenreiten (Seite 40). Er lebt in großen Schulen, die einige Tausend Tiere umfassen können.

DIE LAUTE DES MEERES

Das Meer ist keineswegs ruhig, sondern mit Lauten von Tieren, die miteinander sprechen, erfüllt. Wale und Delphine sind richtige Plaudertaschen und geben eine ganze Reihe von verschiedenen Geräuschen, wie Quietscher, heisere Schreie, Pfiffe, Knattergeräusche und Seufzer, von sich. Diese Laute helfen ihnen zusammenzubleiben, wenn sie als Gruppe schwimmen. Bei einer aufregenden Jagd können sie zudem besser zusammenarbeiten. Mitunter haben diese Laute auch eine ganz bestimmte Bedeutung – sie warnen vor Gefahr, können Hilfeschreie oder Rufe nach einem Partner sein, einen Feind erschrecken, ein Spiel vorschlagen oder sogar eine Diskussion über das Mittagessen sein.

Möglicherweise tragen die Laute persönliche Merkmale, die es den Walen ermöglichen, einander zu erkennen, genauso wie wir verschiedene Menschen anhand ihrer Stimmen auseinanderhalten können. Viele Arten haben zudem raffinierte Wege gefunden, mit ihren Fluken, Flippern, Kiefern und anderen Körperteilen auffällige Geräusche zu machen, die auch jeweils eine ganz bestimmte Bedeutung haben.

1 Kurzschnabeldelphin 2,3–2,6 m
2 Zwergpottwal 2,7–3,4 m
3 Beluga 2,7–4,5 m
4 Langflossen-Grindwal 3,8–7,6 m

Kein Grund zum Brüllen

Unter Wasser verbreitet sich Schall viereinhalbmal schneller und viel weiter als in der Luft. Daher kann ein Tier anderen Mitgliedern seiner Gruppe selbst über große Entfernungen mitteilen, wo und wer es ist und was es tut. Unterwassergespräche über mehrere Kilometer hinweg sind durchaus normal.

Kieferklappern

Ein verärgerter Langflossen-Grindwal schließt seine Kiefer mit einem scharfen explosiven Laut. Meist klappern nur ältere Tiere auf diese Weise mit ihren Kiefern. Es ist eine Warnung an andere Wale, sich in acht zu nehmen.

Gesichtsausdruck

Ein Beluga kann lächeln, die Stirn runzeln oder sogar einen Kußmund machen. Er fühlt sich dabei aber nicht unbedingt glücklich, verwirrt oder romantisch, sondern jedesmal, wenn sich sein Gesichtsausdruck ändert, gibt er damit den anderen Mitgliedern seiner Gruppe eine wichtige Information.

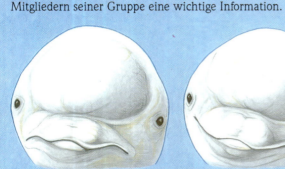

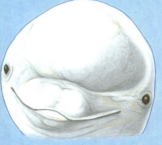

Als einziger Wal kann der Beluga die Form seiner Lippen ändern. Daher erscheint es uns, als ob er glücklich lächelt oder traurig blickt.

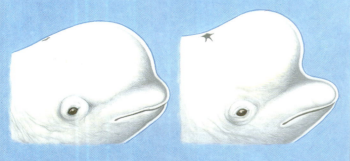

Der Beluga kann sogar die Form seiner Stirn verändern. Diese ausgeprägte Beule fühlt sich beim Berühren wie ein mit Sand gefüllter Luftballon an.

Männerchor

Männliche Buckelwale sind die einzigen Tiere, die sich rühmen können, einen Bestseller in den Hitparaden gehabt zu haben. Als ihre Lieder 1970 erstmals zu hören waren, waren viele Menschen von dem melodiösen Seufzen, Stöhnen, Brüllen, Schnarchen, Quietschen und Pfeifen, die zu den längsten und kompliziertesten Gesängen des Tierreichs zusammengefaßt sind, fasziniert. Buckelwale singen Tag und Nacht mit nur knapp einminütigen Atempausen. Die meisten Konzerte geben sie in den Gebieten, wo sie sich zur Paarung treffen (Seiten 26–27).

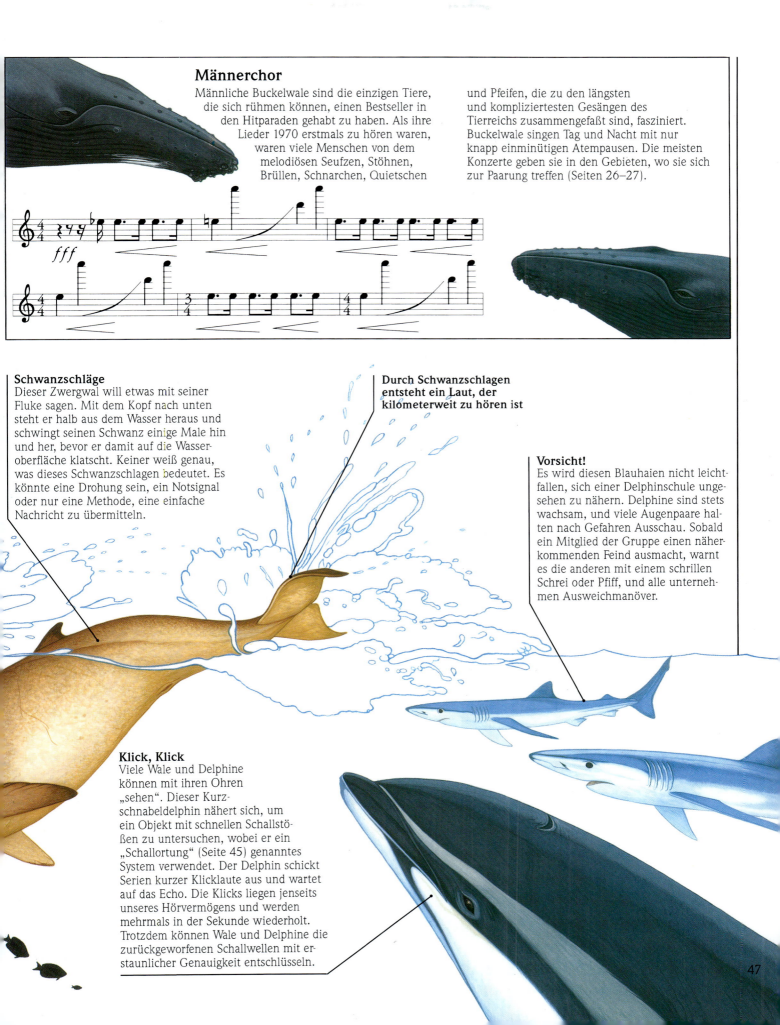

Schwanzschläge

Dieser Zwergwal will etwas mit seiner Fluke sagen. Mit dem Kopf nach unten steht er halb aus dem Wasser heraus und schwingt seinen Schwanz einige Male hin und her, bevor er damit auf die Wasseroberfläche klatscht. Keiner weiß genau, was dieses Schwanzschlagen bedeutet. Es könnte eine Drohung sein, ein Notsignal oder nur eine Methode, eine einfache Nachricht zu übermitteln.

Durch Schwanzschlagen entsteht ein Laut, der kilometerweit zu hören ist

Vorsicht!

Es wird diesen Blauhaien nicht leichtfallen, sich einer Delphinschule ungesehen zu nähern. Delphine sind stets wachsam, und viele Augenpaare halten nach Gefahren Ausschau. Sobald ein Mitglied der Gruppe einen näherkommenden Feind ausmacht, warnt es die anderen mit einem schrillen Schrei oder Pfiff, und alle unternehmen Ausweichmanöver.

Klick, Klick

Viele Wale und Delphine können mit ihren Ohren „sehen". Dieser Kurzschnabeldelphin nähert sich, um ein Objekt mit schnellen Schallstößen zu untersuchen, wobei er ein „Schallortung" (Seite 45) genanntes System verwendet. Der Delphin schickt Serien kurzer Klicklaute aus und wartet auf das Echo. Die Klicks liegen jenseits unseres Hörvermögens und werden mehrmals in der Sekunde wiederholt. Trotzdem können Wale und Delphine die zurückgeworfenen Schallwellen mit erstaunlicher Genauigkeit entschlüsseln.

LUFTSPRÜNGE

Manchmal schleudern sich Wale wie ein Torpedo in die Luft. Sie springen ganz aus dem Wasser heraus und fallen dann mit einem lauten Platsch zurück. Dieses eigenartige Verhalten, das mit dem englischen Wort „breaching" bezeichnet wird, hat Wissenschaftler jahrelang verwirrt. Die meisten Wale werden von Zeit zu Zeit bei Luftsprüngen beobachtet. Oft lernen Babys diesen aufsehenerregenden „Trick" schon, wenn sie nur ein paar Wochen alt sind. Sogar 150 Tonnen schwere Blauwale können Luftsprünge machen. Es gibt aber echte Experten, die häufiger als alle anderen springen: Buckel-, Grau-, Glatt- und Pottwal. Sie scheinen es ansteckend zu finden. Sobald ein Tier mit Luftsprüngen beginnt, können die anderen nicht widerstehen und machen mit. Mitunter scheint es, als ob sie nicht mehr aufhören wollten. Man beobachtete einen Buckelwal, der 130mal in 75 Minuten sprang.

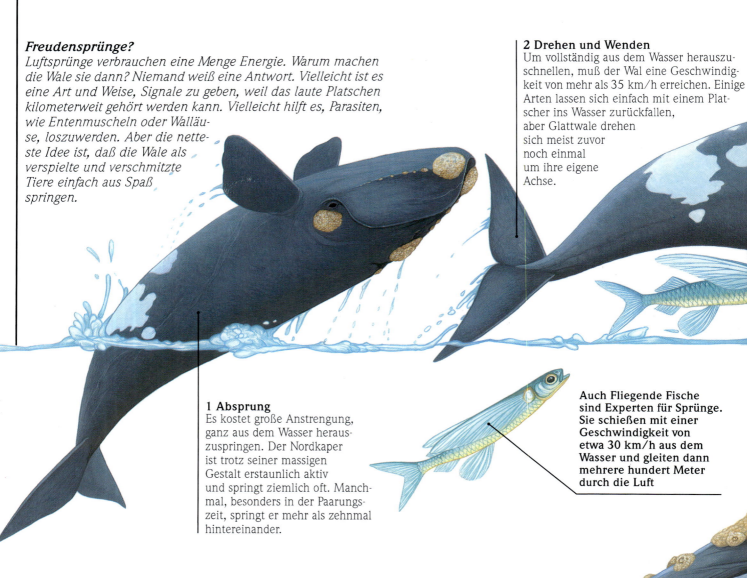

Freudensprünge?
Luftsprünge verbrauchen eine Menge Energie. Warum machen die Wale sie dann? Niemand weiß eine Antwort. Vielleicht ist es eine Art und Weise, Signale zu geben, weil das laute Platschen kilometerweit gehört werden kann. Vielleicht hilft es, Parasiten, wie Entenmuscheln oder Walläuse, loszuwerden. Aber die netteste Idee ist, daß die Wale als verspielte und verschmitzte Tiere einfach aus Spaß springen.

2 Drehen und Wenden
Um vollständig aus dem Wasser herauszuschnellen, muß der Wal eine Geschwindigkeit von mehr als 35 km/h erreichen. Einige Arten lassen sich einfach mit einem Platscher ins Wasser zurückfallen, aber Glattwale drehen sich meist zuvor noch einmal um ihre eigene Achse.

1 Absprung
Es kostet große Anstrengung, ganz aus dem Wasser herauszuspringen. Der Nordkaper ist trotz seiner massigen Gestalt erstaunlich aktiv und springt ziemlich oft. Manchmal, besonders in der Paarungszeit, springt er mehr als zehnmal hintereinander.

Auch Fliegende Fische sind Experten für Sprünge. Sie schießen mit einer Geschwindigkeit von etwa 30 km/h aus dem Wasser und gleiten dann mehrere hundert Meter durch die Luft

Mit einer Kappe
Glattwale tragen unschön anzusehende Wucherungen auf der Haut. Man nennt sie „Kappen", weil die größte von ihnen meist oben auf dem Kopf sitzt und wie eine Kopfbedeckung aussieht. Sie erscheinen schon auf sehr jungen Tieren. Normalerweise sind sie von farbenprächtigen Kolonien von Seepocken, Walläusen und parasitischen Würmern besiedelt. Die meisten Wucherungen sitzen am Kinn, an den Kopfseiten, über den Augen, auf der Unterlippe und in der Nähe der Blaslöcher.

Luftsprünge

Schwertwale vollführen häufig Luftsprünge und landen offensichtlich gerne mit einem lauten Platscher auf dem Rücken, den Flanken oder dem Bauch. Auch Cuviers-Schnabelwal springt aus dem Wasser, aber in einem wesentlich steileren Winkel. Minkwale sind keine begeisterten Akrobaten, aber wenn sie springen, tun sie es mit Stil – oft beschreiben sie in der Luft einen beinahe perfekten Bogen und tauchen kopfüber nahezu ohne jeden Spritzer ein.

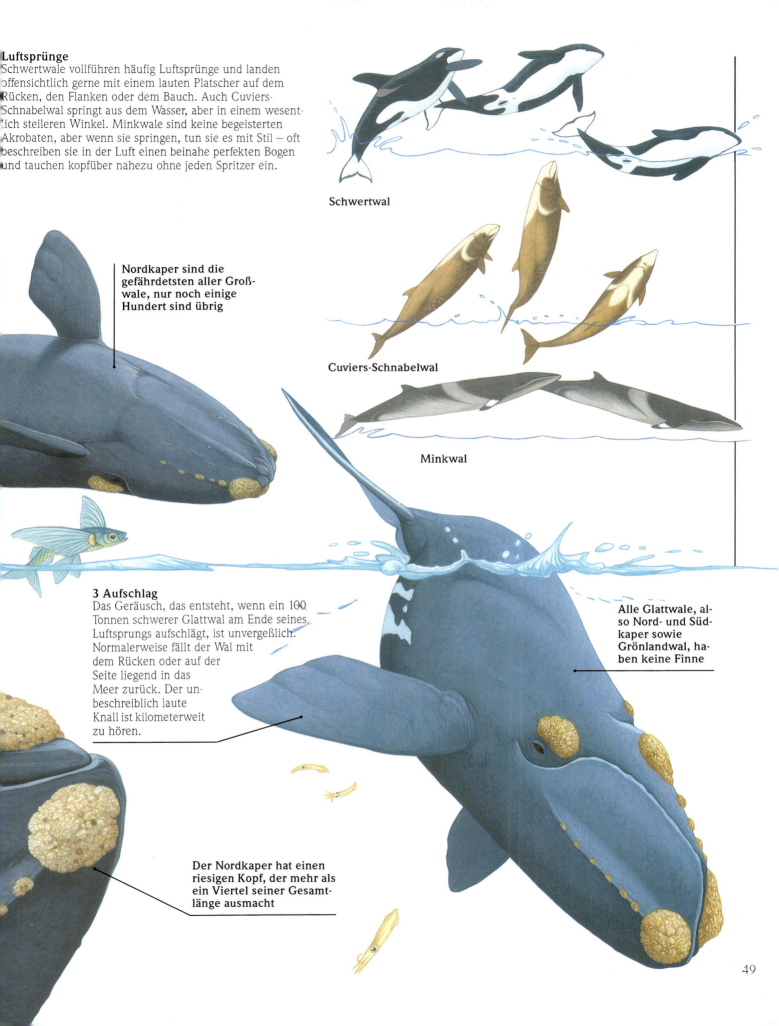

Schwertwal

Cuviers-Schnabelwal

Minkwal

Nordkaper sind die gefährdetsten aller Großwale, nur noch einige Hundert sind übrig

3 Aufschlag
Das Geräusch, das entsteht, wenn ein 100 Tonnen schwerer Glattwal am Ende seines Luftsprungs aufschlägt, ist unvergeßlich. Normalerweise fällt der Wal mit dem Rücken oder auf der Seite liegend in das Meer zurück. Der unbeschreiblich laute Knall ist kilometerweit zu hören.

Alle Glattwale, also Nord- und Südkaper sowie Grönlandwal, haben keine Finne

Der Nordkaper hat einen riesigen Kopf, der mehr als ein Viertel seiner Gesamtlänge ausmacht

49

REKORDHALTER

Es gibt Wale und Delphine in den unterschiedlichsten Gestalten und Farben. Sie alle gehören zur selben Gruppe von Säugern und leben ausschließlich im Wasser. Sie haben sich ihrer Umgebung auf sehr verschiedene Weise angepaßt. Einige sind lang und schlank, andere kurz und dick. Manche haben große Finnen, andere gar keine. Einige haben lange, zugespitzte Flipper, andere paddelförmige. Manche sind farbenprächtig und auffällig, andere unauffällig gefärbt und kaum zu erkennen. Einige sind laut und mutig, andere scheu und zurückhaltend. Mitunter ist es schwer zu glauben, daß Tiere, die zum Beispiel so unterschiedlich sind wie der Gewöhnliche Schweinswal und der Buckelwal, wirklich zur selben Gruppe von Säugern gehören. Daher überrascht es nicht, daß Wale einige Weltrekorde halten. Der berühmteste ist der des Blauwals, des größten Säugetieres, das jemals auf unserer Erde gelebt hat.

Wer gewinnt?
Rekordverdächtige Wale und Delphine auszuwählen ist nicht einfach, denn kein Tier gleicht exakt dem anderen. Selbst innerhalb einer Art können die Werte von Individuum zu Individuum variieren. Auf dieser Seite werden einige Rekordhalter dargestellt. Sie halten zwar nicht immer den Weltrekord, gehören aber zu den hervorstechenden Mitgliedern ihrer Gruppe.

Trotz seiner enormen Größe ist der Blauwal erstaunlich schlank und stromlinienförmig

Der Größte
Der Blauwal ist das größte Tier, das jemals auf der Erde gelebt hat. Der Rekord wird von einem in der Antarktis gefangenen Weibchen gehalten – es war unvorstellbare 33,5 m lang. Auch das schwerste Tier, das jemals gefunden wurde, war ein Weibchen. Es wog 190 Tonnen, was dem Gewicht von mehr als 2500 Menschen entspricht. Die Blauwale der Südhalbkugel sind gewöhnlich am größten, und Weibchen sind größer als Männchen.

Blauwalbabys trinken jeden Tag 200 Liter nahrhafte Muttermilch

Das größte Baby
Ein neugeborener Blauwal ist 7 m lang und wiegt mehr als zwei Tonnen. Jeden Tag nimmt er 90 kg zu – das ist mehr als das Gewicht eines ausgewachsenen Mannes. Wenn sie entwöhnt sind, haben die jungen Wale ihre Größe verdoppelt und wiegen unvorstellbare 20 Tonnen.

Die Vorderkanten der Flipper der Buckelwale sind mit eigenartigen Höckern bedeckt

Der Geräuschvollste

Belugas sind echte Klatschbasen. Sie erzeugen eine erstaunliche Vielfalt von Pfeif-, Quietsch-, Klapper-, Stöhn- und Jaulgeräuschen, die man oft sogar über Wasser hören kann. Durch das Zusammenklappen der Kiefer entsteht zudem ein Drohlaut. Früher nannten die Seeleute die Belugas „See-Kanarienvögel".

Der Kleinste

Dreitausend Chile-Delphine würden etwa soviel wiegen wie ein einziger Blauwal. Sie leben vor der Südostküste Chiles und sind mit 1,2 m so klein, daß sie sogar von Schweinswalen in der Größe übertroffen werden. Hectors- und Heavisides-Delphin sowie Jacobita und La Plata-Delphin sind ähnlich klein.

Der Schönste

Einer der hübschesten Wale ist der Atlantische Weißseitendelphin. Wenn er durch die Wellen schneidet, sind seine gelben Flanken das hervorstechendste Merkmal. Aber der Gesamteindruck der schwarzen, grauen und weißen Farbmuster auf dem Rest seines Körpers ist ebenfalls sehr attraktiv.

Der Merkwürdigste

Möglicherweise sind Schnabelwale die am merkwürdigsten aussehenden Cetaceen, und das Männchen des Blainvilles-Schnabelwals erscheint uns am ungewöhnlichsten. Seine Flipper und Fluke sind klein, Narben und rosafarbene oder weiße Flecken bedecken seinen Körper. Er hat nur zwei Zähne, die wie ein Paar Hörner aussehen.

Die meisten Zähne

Der Langschnauzen-Spinnerdelphin hat mehr Zähne als irgendein anderer Delphin oder Wal. Die genaue Anzahl variiert von Tier zu Tier, aber bis zu 260 sind bekannt. Sein Name ist treffend: Der Langschnauzen-Spinnerdelphin hat tatsächlich eine lange Schnauze und springt in die Luft, wobei er sich so häufig wie möglich um seine Längsachse dreht.

Die längsten Flipper

Jeder Flipper eines Buckelwals ist etwa 5 m lang. Damit sind sie deutlich größer als die Flipper aller anderer Wale. Sie gleichen Flügeln so sehr, daß, aus der Luft gesehen, ein schwimmender Buckelwal einem Jumbo-Jet ähnelt.

51

VERFOLGUNGSJAGD

Die Meere der Welt sind voll von ausgezeichneten Schwimmern. Seelöwen, Otter, Haie, Segelfische, Pinguine und tausend andere können jeden menschlichen Schwimmer locker schlagen, wenn sie zu einem Wettrennen herausgefordert würden. Einige sind so schnell, daß es sogar vielen Schiffen schwerfallen würde, ihnen zu folgen. Da es aber erheblich schwieriger ist, sich durch Wasser als durch Luft fortzubewegen, mußten diese Lebewesen spezielle Anpassungen entwickeln, um so schnell schwimmen zu kön-

nen. Otter stoßen sich mit ihren Hinterläufen durch das Wasser. Seelöwen schlagen mit ihren Vorderflossen und „fliegen" unter Wasser ähnlich wie Pinguine. Die schnellsten Meerestiere aber benutzen ihre Schwänze wie kräftige Motoren, um sich durch das Wasser zu bewegen. Haie und andere Fische schlagen mit der waagerecht stehenden Schwanzflosse von einer Seite zur anderen, Wale und Delphine auf und ab. Die Beschleunigung mag langsam sein, aber die Kraft des Schwanzes ist enorm.

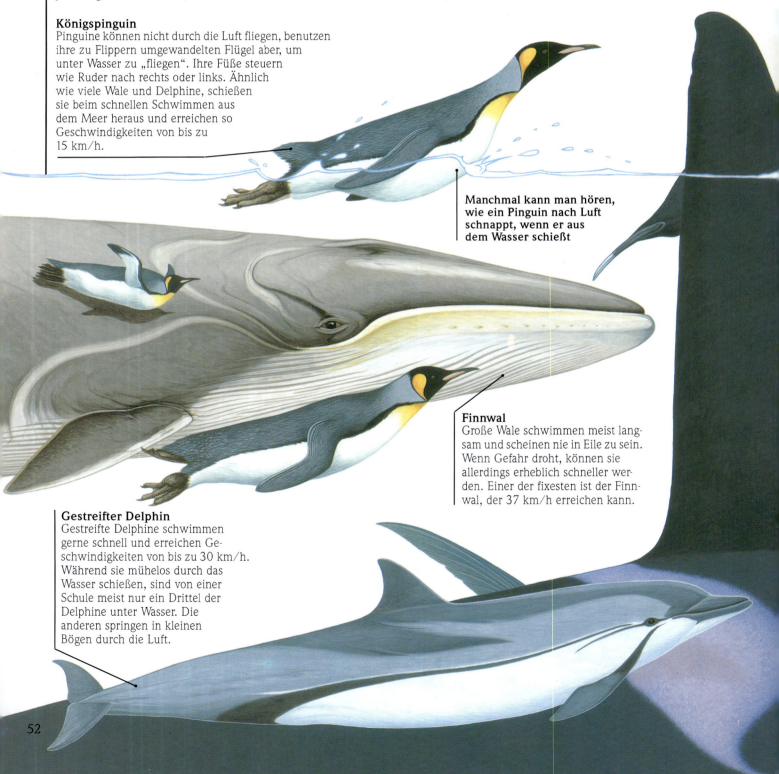

Königspinguin
Pinguine können nicht durch die Luft fliegen, benutzen ihre zu Flippern umgewandelten Flügel aber, um unter Wasser zu „fliegen". Ihre Füße steuern wie Ruder nach rechts oder links. Ähnlich wie viele Wale und Delphine, schießen sie beim schnellen Schwimmen aus dem Meer heraus und erreichen so Geschwindigkeiten von bis zu 15 km/h.

Manchmal kann man hören, wie ein Pinguin nach Luft schnappt, wenn er aus dem Wasser schießt

Finnwal
Große Wale schwimmen meist langsam und scheinen nie in Eile zu sein. Wenn Gefahr droht, können sie allerdings erheblich schneller werden. Einer der fixesten ist der Finnwal, der 37 km/h erreichen kann.

Gestreifter Delphin
Gestreifte Delphine schwimmen gerne schnell und erreichen Geschwindigkeiten von bis zu 30 km/h. Während sie mühelos durch das Wasser schießen, sind von einer Schule meist nur ein Drittel der Delphine unter Wasser. Die anderen springen in kleinen Bögen durch die Luft.

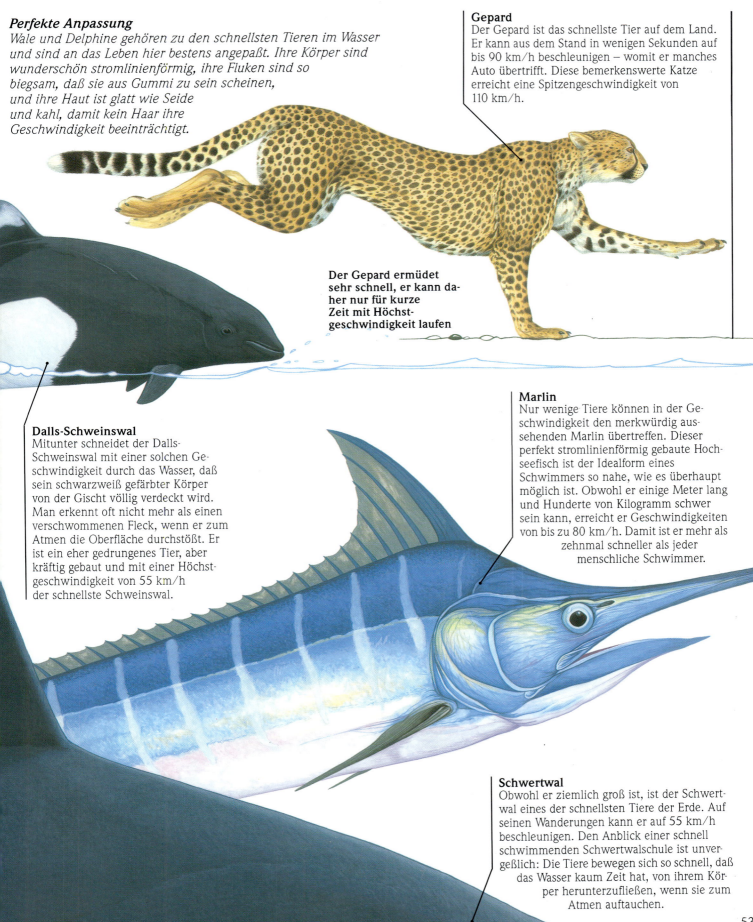

Perfekte Anpassung

Wale und Delphine gehören zu den schnellsten Tieren im Wasser und sind an das Leben hier bestens angepaßt. Ihre Körper sind wunderschön stromlinienförmig, ihre Fluken sind so biegsam, daß sie aus Gummi zu sein scheinen, und ihre Haut ist glatt wie Seide und kahl, damit kein Haar ihre Geschwindigkeit beeinträchtigt.

Gepard

Der Gepard ist das schnellste Tier auf dem Land. Er kann aus dem Stand in wenigen Sekunden auf bis 90 km/h beschleunigen – womit er manches Auto übertrifft. Diese bemerkenswerte Katze erreicht eine Spitzengeschwindigkeit von 110 km/h.

Der Gepard ermüdet sehr schnell, er kann daher nur für kurze Zeit mit Höchstgeschwindigkeit laufen

Dalls-Schweinswal

Mitunter schneidet der Dalls-Schweinswal mit einer solchen Geschwindigkeit durch das Wasser, daß sein schwarzweiß gefärbter Körper von der Gischt völlig verdeckt wird. Man erkennt oft nicht mehr als einen verschwommenen Fleck, wenn er zum Atmen die Oberfläche durchstößt. Er ist ein eher gedrungenes Tier, aber kräftig gebaut und mit einer Höchstgeschwindigkeit von 55 km/h der schnellste Schweinswal.

Marlin

Nur wenige Tiere können in der Geschwindigkeit den merkwürdig aussehenden Marlin übertreffen. Dieser perfekt stromlinienförmig gebaute Hochseefisch ist der Idealform eines Schwimmers so nahe, wie es überhaupt möglich ist. Obwohl er einige Meter lang und Hunderte von Kilogramm schwer sein kann, erreicht er Geschwindigkeiten von bis zu 80 km/h. Damit ist er mehr als zehnmal schneller als jeder menschliche Schwimmer.

Schwertwal

Obwohl er ziemlich groß ist, ist der Schwertwal eines der schnellsten Tiere der Erde. Auf seinen Wanderungen kann er auf 55 km/h beschleunigen. Den Anblick einer schnell schwimmenden Schwertwalschule ist unvergeßlich: Die Tiere bewegen sich so schnell, daß das Wasser kaum Zeit hat, von ihrem Körper herunterzufließen, wenn sie zum Atmen auftauchen.

STRANDUNGEN

An den Stränden der Welt werden jährlich Tausende von gestrandeten Walen und Delphinen lebend oder tot gefunden. Sie können alleine oder in Gruppen sein, jung oder alt, Weibchen oder Männchen, groß oder klein, gesund oder krank. Warum stranden sie? Es ist eines der großen Rätsel der Tierwelt, und bis heute kennen wir keine Antwort auf diese Frage. Einige Strandungen sind leicht zu erklären: Die Tiere sterben auf dem Meer und werden an Land gespült. Aber niemand kann erklären, warum lebende Tiere stranden. Vielleicht versuchen sie Feinden zu entkommen, vielleicht sind sie krank und versuchen einen Ruheplatz zu finden, an dem sie über Wasser bleiben können, um zu atmen. Vielleicht geraten sie wegen eines Erdbebens oder einer Störung im Erdmagnetfeld in Panik oder verirren sich einfach.

Magnetische Landkarten
Wale und Delphine haben einen Sinn mehr als wir, den Magnetsinn. Mit seiner Hilfe können sie das erdmagnetische Feld wahrnehmen und es wie eine Landkarte zur Orientierung benutzen. Da sich dies Feld aber fortlaufend ändert, kann es vorkommen, daß die Wale sich nicht da befinden, wo sie glauben zu sein. Folgen sie aber dem falschen Weg, kann dieser sie an die Küste und damit in den nahezu sicheren Tod führen.

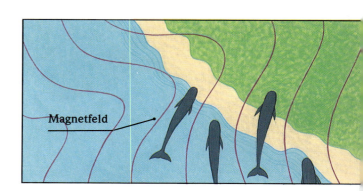

Magnetfeld

Grindwale
Einige Walarten stranden häufiger als andere – am anfälligsten dafür scheinen Grindwale zu sein. Die sozialen Bindungen zwischen ihnen sind so eng, daß sie nicht bereit sind, einander im Stich zu lassen. Was immer einem einzelnen Tier zustößt, geschieht der ganzen Gruppe.

Hilflos
Aufgrund ihrer eigenartigen Gestalt kippen Grindwale bei ablaufendem Wasser auf die Seite. Wenn die Flut zurückkehrt, ertrinken sie, weil das Wasser ihre Blaslöcher bedeckt, bevor sie sich wieder aufrichten können.

Rettung – Schritt eins
Wenn man einen gestrandeten Wal findet, sollte man als erstes versuchen, die Hilfe von Experten zu bekommen. Während man wartet, kann man versuchen, der Tieren ihre Lage etwas zu erleichtern. Man sollte sicherstellen, daß sie atmen können und nichts ihre Blaslöcher blockiert.

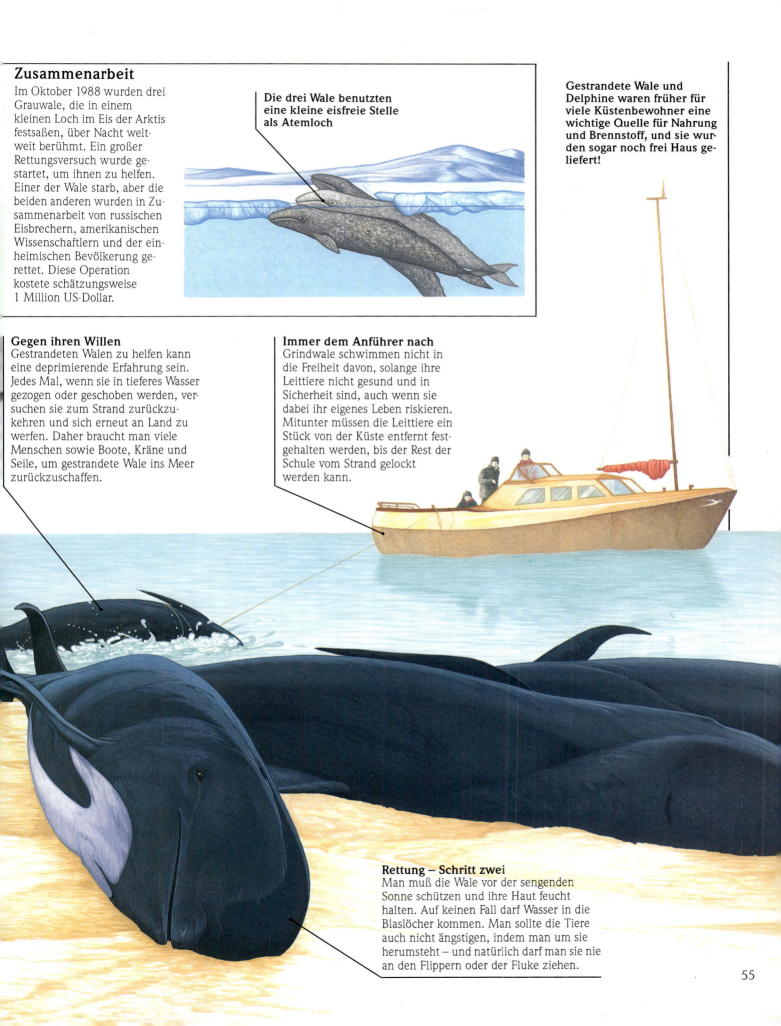

Zusammenarbeit

Im Oktober 1988 wurden drei Grauwale, die in einem kleinen Loch im Eis der Arktis festsaßen, über Nacht weltweit berühmt. Ein großer Rettungsversuch wurde gestartet, um ihnen zu helfen. Einer der Wale starb, aber die beiden anderen wurden in Zusammenarbeit von russischen Eisbrechern, amerikanischen Wissenschaftlern und der einheimischen Bevölkerung gerettet. Diese Operation kostete schätzungsweise 1 Million US-Dollar.

Die drei Wale benutzten eine kleine eisfreie Stelle als Atemloch

Gestrandete Wale und Delphine waren früher für viele Küstenbewohner eine wichtige Quelle für Nahrung und Brennstoff, und sie wurden sogar noch frei Haus geliefert!

Gegen ihren Willen

Gestrandeten Walen zu helfen kann eine deprimierende Erfahrung sein. Jedes Mal, wenn sie in tieferes Wasser gezogen oder geschoben werden, versuchen sie zum Strand zurückzukehren und sich erneut an Land zu werfen. Daher braucht man viele Menschen sowie Boote, Kräne und Seile, um gestrandete Wale ins Meer zurückzuschaffen.

Immer dem Anführer nach

Grindwale schwimmen nicht in die Freiheit davon, solange ihre Leittiere nicht gesund und in Sicherheit sind, auch wenn sie dabei ihr eigenes Leben riskieren. Mitunter müssen die Leittiere ein Stück von der Küste entfernt festgehalten werden, bis der Rest der Schule vom Strand gelockt werden kann.

Rettung – Schritt zwei

Man muß die Wale vor der sengenden Sonne schützen und ihre Haut feucht halten. Auf keinen Fall darf Wasser in die Blaslöcher kommen. Man sollte die Tiere auch nicht ängstigen, indem man um sie herumsteht – und natürlich darf man sie nie an den Flippern oder der Fluke ziehen.

SCHNABELWALE

Schnabelwale sind die fremdartigsten und scheuesten Wale. Da sie weitab vom Land leben und Schiffe meiden, wissen wir wenig über sie. Bis heute kennt man 19 Arten, andere mögen die Tiefen der Ozeane durchstreifen und auf ihre Entdeckung warten. Die meisten Informationen, die wir besitzen, stammen von toten, angespülten Tieren, und viele Arten sind niemals lebend gesehen worden.

Schnabelwale sind mittelgroße Wale mit einer unverkennbaren langen Schnauze, worauf auch ihr Name Bezug nimmt. Nur Männchen tragen Zähne. Meist sind es zwei, die als seltsame Hauern aus ihrem Unterkiefer herauswachsen. Die Zähne der Weibchen sind unsichtbar, da sie im Zahnfleisch verborgen bleiben.

Der Name sagt alles

Baird, Shepherd, Hubb und Gray sind nur einige der Wissenschaftler, die Schnabelwalen ihren Namen gaben. Die meisten Angehörigen dieser geheimnisvollen Familie bekamen ihre Namen nach den Menschen, die sie entdeckten oder zuerst beschrieben. Mitunter aber gaben andere Wissenschaftler ihnen neue Namen, was zu erheblicher Verwirrung führt.

Ein neuer Wal ist entdeckt!

Im Jahr 1976 kaufte ein amerikanischer Zoologe von einem Händler auf einem peruanischen Fischmarkt einen eigenartigen Schädel. Nach seiner Rückkehr in die Heimat machte er eine überraschende Entdeckung – der Schädel gehörte einem bis dahin unbekannten Schnabelwal. Mit nur 3,7 m ist sie die kleinste aller bekannten Arten dieser Familie.

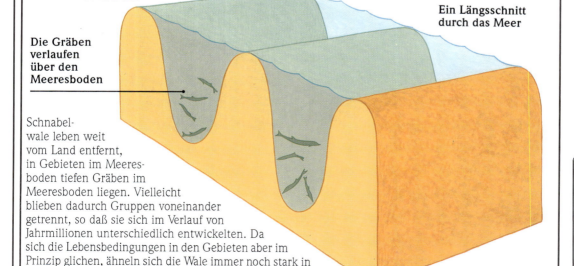

Getrennt leben

Die Gräben verlaufen über den Meeresboden

Ein Längsschnitt durch das Meer

Schnabelwale leben weit vom Land entfernt, in Gebieten im Meeresboden tiefen Gräben im Meeresboden liegen. Vielleicht blieben dadurch Gruppen voneinander getrennt, so daß sie sich im Verlauf von Jahrmillionen unterschiedlich entwickelten. Da sich die Lebensbedingungen in den Gebieten aber im Prinzip glichen, ähneln sich die Wale immer noch stark in ihrer äußeren Erscheinung.

Komische Köpfe

Dies ist der Schädel eines Blainvilles-Schnabelwals. Das Männchen dieser Art hat normalerweise nur zwei Zähne. Man erkennt leicht, warum der Besitzer dieses Schädels so merkwürdig aussah: Seine zwei Zähne wachsen aus Höckern im Unterkiefer nach oben heraus.

Kämpfer
Bairds-Schnabelwal lebt
im Nordpazifik. Er wird
normalerweise 11–12 m
lang, wobei das Weibchen
meist größer und schwerer als das
Männchen ist. Das größte jemals
bekannt gewordene Tier war ein 12 m
langes Weibchen mit einem Gewicht
von nahezu 15 Tonnen. Diese Wale kämpfen vermutlich oft miteinander. Das ist aus
den Kratzern und Narben zu schließen, mit
denen ihr zigarrenförmiger Körper übersät ist.

Schwierig zu unterscheiden
Schnabelwale lassen sich schlecht auseinanderhalten. Bei
Weibchen und Jungtieren ist die Unterscheidung beinahe
unmöglich, die Männchen lassen sich meist nur anhand der
unterschiedlichen Form und Stellung ihrer
hauerähnlichen Zähne bestimmen.

Der seltene Tasmanische
Schnabelwal hat bis zu
116 Zähne, das Männchen
trägt zusätzlich zwei
Hauer

Der Südliche Entenwal hat
entweder zwei oder vier
große kegelförmige Zäh-
ne, die vorne aus dem Kiefer herausragen

Layards-Schnabelwal hat
zwei Zähne, die krumm
aus seinem Unterkiefer
herauswachsen und sich
über den Oberkiefer
biegen

Trues-Schnabelwal trägt
zwei kleine Zähne an der
Spitze seiner Schnauze

Hubbs-Schnabelwal hat
dreieckige Zähne und
sieht aus, als ob er eine
weiße „Mütze" trägt

Die Zähne des Japani-
schen Schnabelwals äh-
neln den fächerförmigen
Blättern des Gingko-
Baumes

Grays-Schnabelwal trägt
auf den Seiten seiner
langen Schnauze zwei
kleine Zähne

Stejnegers-Schnabelwal
besitzt zwei große und
sehr typische flammen-
förmige Zähne

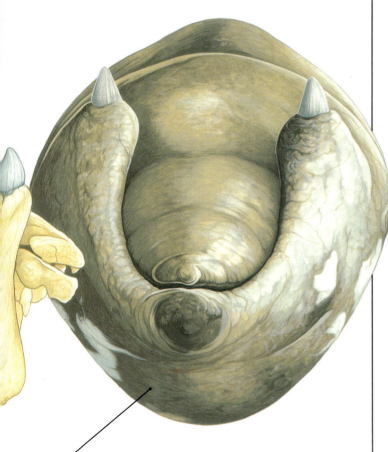

Zähne oder Hörner?
Der Blainsvilles-Schnabelwal ist eines der am
ungewöhnlichsten aussehenden Lebewesen
der Welt. Seine beiden Zähne ragen wie
wuchtige Hörner empor. Manchmal sind sie
mit Entenmuscheln bedeckt und sehen daher, wenn der Wal nahe der Oberfläche
schwimmt, wie zwei Büsche aus, die durch
die Wellen geschoben werden.

RETTET DIE WALE

Noch vor einigen Jahrhunderten waren die Meere voller Wale und Delphine. Fischer und Seeleute sahen sie häufig und überall blasen und springen. Heute sind die Meere viel langweiliger geworden, weil Wale und ihre Verwandten in vielen Teilen der Welt verschwunden sind. Die Großwale wurden bis an den Rand der Ausrottung gejagt, und auch wenn der kommerzielle Walfang heute offiziell verboten ist, werden in diesen Tagen noch immer einige von ihnen umgebracht. Wegen ihres Fleisches werden in jedem Jahr mehr als 100 000 Delphine und Schweinswale getötet, und eine noch größere Anzahl ertrinkt in Fischernetzen. Eine weitere große Gefahr ist die Verschmutzung der Meere, in die wir unsere Abwässer und unseren Müll kippen. Trotz all dieser Bedrohungen ist in unserer Zeit keine einzige Walart ausgestorben. Aber einige sind heute in großer Gefahr, und wenn wir sie nicht unter Schutz stellen, werden wir möglicherweise alle verlieren.

Massenvernichtung

Zu Beginn unseres Jahrhunderts lebten rund 250 000 Blauwale rund um die Antarktis, aber nach Jahren intensiven Walfangs waren nicht mehr als 700 übrig. Damit sich das gleiche nicht wiederholt, müssen wir uns besser um die Wale und Delphine kümmern, die heute noch vorkommen.

Walfang

Ein einziges Ereignis änderte im Jahre 1864 den Walfang dramatisch. Der Norweger Svend Foyn entwickelte eine schreckliche Harpune, die nicht mehr mit der Hand geworfen, sondern von einer Kanone abgeschossen wurde. Drei oder vier Sekunden, nachdem sie den Wal getroffen hatte, explodierte eine Granate an der Harpunenspitze im Körper des Tieres. Die Wale hatten nicht den Hauch einer Chance, und eine Art nach der anderen wurde bis zum Rand der Ausrottung gejagt.

Auf den japanischen Walfängern, die durch die Antarktis patrouillieren, werden auch heute noch Sprengharpunen benutzt

Spinner-
delphin

Thunfisch

In Gefangenschaft

Große Tümmler, Gefleckte Delphine, Grindwale, Schwertwale, Unechte Schwertwale und Belugas sind einige der Arten, die überall auf der Welt in Zoos und Ozeanarien ihre Tricks vorführen. Die meisten Tiere stammen aus freier Wildbahn, und das empört viele Menschen. Sie sind der Meinung, daß Wale und Delphine in ihren künstlichen Becken unglücklich sind und daß es grausam und beleidigend für sie ist, vor Zuschauern Kunststücke vorführen zu müssen.

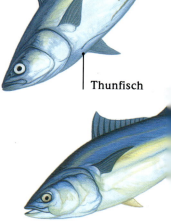

Ein unfairer Fortschritt

Eine besonders widerliche Form
des Thunfischfangs arbeitet mit
unter Wasser gezündetem
Sprengstoff. Von großen Schiffen
steigen Hubschrauber auf, um
nach Thunen und Delphinen zu
suchen. Wenn sie eine Schule
finden, werfen sie Bomben ab, die
die Tiere betäuben. Dann sind sie
leicht abzufischen.

Kommerzieller Nutzen

Ursprünglich wurden Wale wegen
ihres Fleisches gejagt. Aber mit der
Zeit wurden auch das Fett, die Haut,
die Zähne, die Knochen und andere
Teile ihres Körpers für die Herstellung der verschiedensten Produkte
genutzt. Einige dieser Waren, zu denen auch Schnürsenkel, Shampoo,
Klebstoff und Politur gehören, werden in dieser Abbildung gezeigt.
Heute gibt es für all diese Produkte
Ersatzstoffe – daher gibt es keinen
Grund mehr, Wale zu töten.

Seife

Tierfutter

Dünger

Lippenstifte

Kerzen

Ringwaden

In den letzten dreißig Jahren sind etwa sieben Millionen
Delphine in Ringwaden ertrunken. Man verwendet sie
zum Thunfischfang, vor allem im tropischen
Ostpazifik. Thunfische und Delphine wandern gerne zusammen, daher wissen Fischer, die eine Delphinschule sehen, daß
sich mit hoher Wahrscheinlichkeit in
diesem Gebiet auch Thune aufhalten.
Sie setzen dann ihre Netze
absichtlich rund um beide
Tierarten aus und ziehen sie
an Bord.

Mondfisch

Gefleckter Delphin

Gestreifter Delphin

Thunfisch

Gewöhnlicher Delphin

Hering

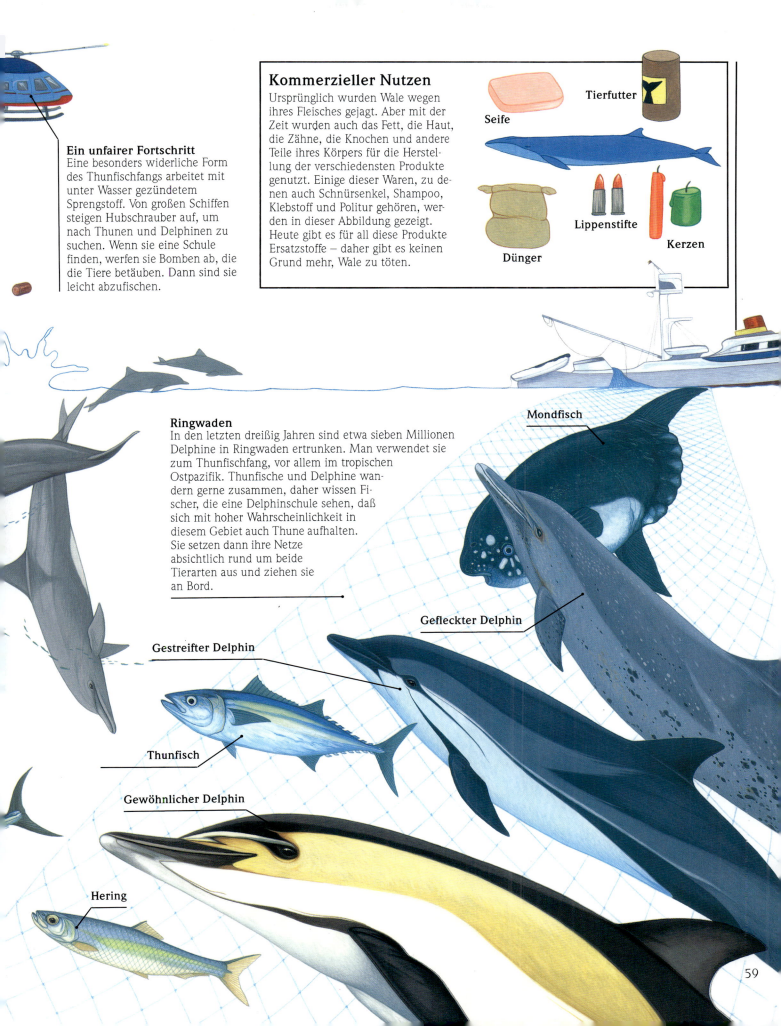

In Gefahr

Einige Mitglieder der Familie der Wale stehen vor der Ausrottung. Eines der seltensten ist der Chinesische Flußdelphin, von dem vielleicht noch 200 bis 300 Exemplare leben. Auch vom Nordkaper sind nur noch einige Hundert übrig. Aber auch häufigere Arten sind in Gefahr, bis wir nicht die zahlreichen Risiken, denen sie täglich ausgesetzt sind, ausgeschaltet haben.

Illegales Ölablassen

Pro Jahr werden einige Millionen Tonnen Öl in das Meer abgelassen. Ölschlieren sind in vielen Teilen der Welt zu einem alltäglichen Anblick geworden. Niemand weiß, welche Wirkungen Öl auf Wale und Delphine hat, aber mit Sicherheit zerstört es ihre Unterwasserwelt.

Flußschiffahrt

Schiffsschrauben verursachen schwere Verletzungen

In vielen Teilen der Welt gibt es so viele Schiffe und Boote, daß Wale und Delphine von ihnen schwer verletzt werden können. Besonders die Flußdelphine haben Schwierigkeiten, dem Bootsverkehr auf den geschäftigen Wasserstraßen, in denen sie leben, auszuweichen.

Weißer Thunfisch

Todesmauern

In einigen Teilen der Welt benutzen die Fischer riesige Treibnetze. Sie können bis zu 50 km lang sein und hängen wie ein Vorhang im Wasser, bis zu einer Tiefe von mehr als 10 m. Sie sind nahezu unsichtbar. Gefleckte, Gestreifte, Gewöhnliche und Spinnerdelphine sowie andere Wale, Meeresschildkröten, Seevögel und andere Tiere verfangen sich in den treibenden Netzen und sterben.

Sardine

Mehr als 5000 Delphine und Schweinswale, wie dieser Burmeisters-Schweinswal, werden in jedem Jahr von chilenischen Fischern getötet, um Krabbenköder aus ihnen zu machen

Chilenische Fischer nennen Delphine und Schweinswale „tontitas", „die Dummen", weil sie zutraulich und leicht zu töten sind

Verschmutzung

Die Verschmutzung ist allgegenwärtig – ob in der Luft, an Land, im Süß- oder Salzwasser. Industrieabwässer, Öl, ungeklärte Haushaltsabwässer und Pestizide ergießen sich in riesigen Mengen ins Meer und schädigen die friedlichen Wale und ihre Verwandten. Jede Form von Abfall kann gefährlich sein – so verfangen sich Delphine mit ihren Schnauzen leicht in Plastikmüll.

Krabbenköder

In Chile verwendet man Delphine und Schweinswale als Köder, um Königskrabben in Reusen zu fangen. Viele Tausend Jacobitas, Burmeisters-Schweinswale und Chile-Delphine, aber auch Seelöwen, Pinguine und andere Wildtiere, werden in jedem Jahr aus diesem Grund getötet.

Aufbruch in eine bessere Zukunft

Seit Hunderten von Jahren werden Wale und Delphine gejagt, aber in den letzten Jahren hat sich unsere Einstellung ihnen gegenüber langsam gewandelt. Nachdem Umweltschutzgruppen jahrelang protestiert hatten, verboten die meisten Staaten den Walfang. Natürlich drohen den Tieren auch heute noch zahlreiche Gefahren, aber ihre Zukunft ist nicht mehr so schwarz wie vor ein paar Jahren.

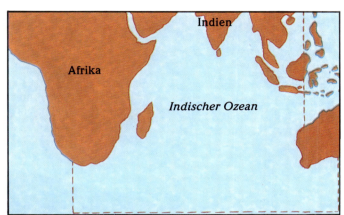

Schutzgebiete

1979 wurde der gesamte Indische Ozean zum Schutzgebiet für Wale und Delphine erklärt. Es ist ein riesiges Gebiet, das einzige auf der Welt, wo die Tiere sicher vor kommerziellem Walfang sind.

Gegen alle Widerstände

Die Menschen in diesem Schlauchboot riskieren ihr eigenes Leben, um einen Wal vor seinen Verfolgern zu retten. Sie manövrieren zwischen dem Tier und dem Fangschiff hin und her, um zu verhindern, daß der Wal von einer Sprengharpune getroffen wird.

Walbeobachtungsfahrten

Für viele Menschen ist es ein einmaliges Erlebnis, frei-lebende Wale und Delphine zu beobachten. Einerseits macht es einfach Spaß, andererseits fördert es ein aktives Interesse an ihrem Wohlergehen und beweist, daß die Tiere lebend mehr wert sind als tot.

Einige Grauwale sind so zahm, daß sie sich gerne die Nase kraulen lassen. Oft stecken sie die Köpfe aus dem Wasser und beobachten die Besucher, die ihrerseits die Wale beobachten

DIE LEBENSGESCHICHTE EINES WALS

Hughie, der Buckelwal, wurde 1961 geboren, was ihn nach Walmaßstäben heute zu einem alten Mann macht. Als Neugeborener war er 5 m lang, er hat sich aber seit dieser Zeit zu der strammen Länge von 13 m ausgewachsen. Er hat viele Frauen und etliche Kinder. Wenn er Glück hat, kann er bis zur Jahrtausendwende leben, aber im Alter von 40 Jahren wird er Probleme mit umherstreifenden Schwertwalen haben und es schwierig finden, zwischen den Paarungsgebieten in der Karibik und den Nahrungsgründen vor Kanada hin und her zu wandern. Wie viele Buckelwale hat er ein ereignisreiches Leben geführt, mit vielen aufregenden Erlebnissen im Lauf der Jahre. Er ist weit herumgekommen und einmal beinahe in einem Fischernetz ertrunken. Seit er ein Teenager war, wurde er von Wissenschaftlern beobachtet und von Bootsladungen aufgeregter Touristen fotografiert.

Hughie, der Buckelwal
Diese Geschichte basiert auf tatsächlichen Beobachtungen und Ereignissen, die von Dutzenden von Wissenschaftlern im Verlauf von Jahren zusammengetragen worden sind. Obwohl Hughie kein wirklich existierendes Tier ist, gibt es viele Buckelwale, die ihm gleichen und in vielen Teilen der Welt ihr ereignisreiches Leben führen.

Schwertwalangriff
Als Teenager wurde Hughie von einem Schwertwalrudel angegriffen. Sie setzten ihm mehrere Minuten lang zu, wobei sie versuchten, ihm Stücke aus den Flippern und der Finne zu beißen. Er aber wehrte sich mit kraftvollen Schwanzschlägen und trieb sie schließlich in die Flucht. Auch heute noch trägt er Narben aus dieser schrecklichen Begegnung.

LABRADOR

NEUFUNDLAND

Im Sommer besucht Hughie manchmal Labrador

Kurzurlaub
In jedem Sommer schwimmt Hughie um Neufundland herum nach Kanada. Hier trifft er andere Buckelwale, die auch in den nahrungsreichen Küstengewässern fressen. Als er jünger als ein Jahr alt war, hat ihm seine Mutter gezeigt, wo er fischen solle, und seit dieser Zeit kehrt er alljährlich in dieses Gebiet zurück. Manchmal, wenn das Futter knapp wird, schwimmt er für ein paar Tage nach Labrador – aber meist ist er zu sehr damit beschäftigt, sich für den Winter und die weite Wanderung eine Fettreserve anzufressen.

Hughie wandert an der Küste Neufundlands entlang

Im Herbst zieht es Hughie zurück an seinen Geburtsort vor Puerto Rico in der Karibik. Manchmal legt er auf der Reise eine wohlverdiente Rast vor den Bermudas ein

Loddenstrand

Im Ostteil Neufundlands gibt es den langen, sandigen St. Vincent-Strand, der bekannt dafür ist, daß die Buckelwale ihn gerne aufsuchen. Im Juni und Juli schwimmen Tausende von Lodden hierher, um im Sand ihre Eier abzulegen. Die riesigen Schwärme dieser kleinen Fische ziehen Hughie und seine Freunde jedes Jahr wieder an diesen Strand. Bei der Jagd auf die Lodden werden die Wale manchmal so aufgeregt, daß sie auf den Strand geraten und sich mit Hilfe ihrer Flipper wieder in das Meer zurückschieben müssen.

Hilfe!

In der Nähe der neufundländischen Küste ist Hughie einmal in ein Fischernetz geraten. Je mehr er darum kämpfte freizukommen, desto mehr verheddterte er sich. Zu seinem Glück wurde er nach einigen Stunden bemerkt und ein Team von Walrettern kam, um ihn freizuschneiden. Nach einer kurzen Atempause war Hughie wieder in der Lage weiterzuschwimmen.

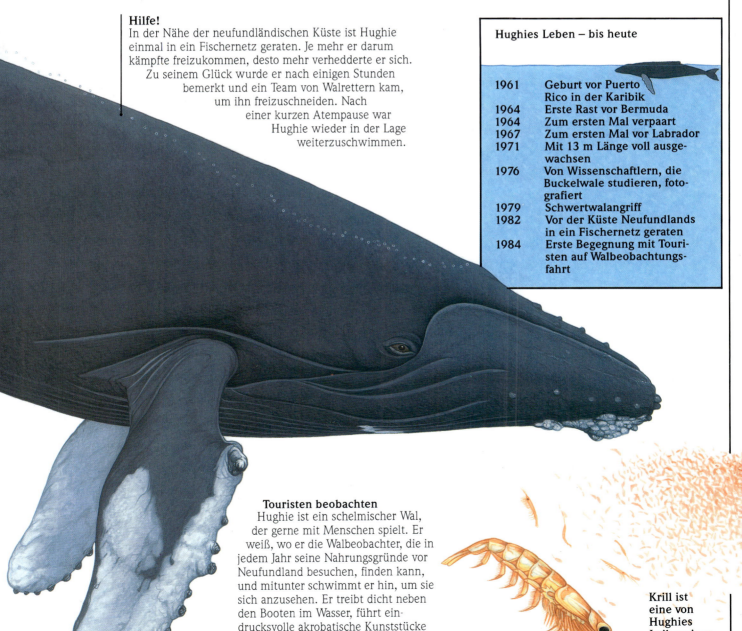

Hughies Leben – bis heute

1961	Geburt vor Puerto Rico in der Karibik
1964	Erste Rast vor Bermuda
1964	Zum ersten Mal verpaart
1967	Zum ersten Mal vor Labrador
1971	Mit 13 m Länge voll ausgewachsen
1976	Von Wissenschaftlern, die Buckelwale studieren, fotografiert
1979	Schwertwalangriff
1982	Vor der Küste Neufundlands in ein Fischernetz geraten
1984	Erste Begegnung mit Touristen auf Walbeobachtungsfahrt

Touristen beobachten

Hughie ist ein schelmischer Wal, der gerne mit Menschen spielt. Er weiß, wo er die Walbeobachter, die in jedem Jahr seine Nahrungsgründe vor Neufundland besuchen, finden kann, und mitunter schwimmt er hin, um sie sich anzusehen. Er treibt dicht neben den Booten im Wasser, führt eindrucksvolle akrobatische Kunststücke vor, und manchmal spritzt er die Menschen mit seiner riesigen Fluke naß.

Krill ist eine von Hughies Leibspeisen

REGISTER

Danksagung
Dorling Kindersley dankt Janet Abbot und Lynn Bresler für ihre Hilfe bei der Herstellung dieses Buches.